JN226271

多文化共生の
地域日本語教室を
めざして

居場所づくりと参加型学習教材

CINGA地域日本語実践研究会 編

はじめに

　近年、「居場所」ということばが種々の分野で使われるようになり、多くの自治体、教育機関や NPO などがさまざまな人々を対象に「居場所づくり」事業を展開しています。その際、物理的意味あいに加え、より重点がおかれているのが「心の居場所」です。

　当初、「居場所」ということばは不登校の子どもたちを考える中で使われ始めましたが、かつての文部省が不登校に関する報告書の中で、学校が「心の居場所」の役割を果たす必要があると提唱し、以来、マスコミで「居場所」「居場所がない」といった表現が多用されるようになりました。

　日本語教育においては、日本の学校に馴染めない、あるいは日本の学校制度から放置されている外国籍の子どもたちの居場所問題が、支援活動と共に語られるようになりました。このような経緯から居場所という概念を整理すると、居場所とは「他者との関わりを持つことで自分を確認できる場所」であり、「社会とつながっていくための安全基地」と考えられます。

　本書は多文化共生社会の実現という観点から、一般に成人が参加する地域日本語教室における居場所づくりの重要性を説いたもので、構成は次のとおりです。第 1 章の 1 で地域日本語教育の役割と社会的意義に触れ、2 では当研究グループが「居場所」をキーワードであると考えるに至った経緯を述べます。3 に日本語教室を居場所にするための方法として 2 つの道具「多文化社会型居場所感尺度」と「参加型学習教材」を紹介し、4 にはその道具を活用する人に求められる役割と専門性について記述します。続く第 2 章の 1 で居場所感尺度について論じ、2 で居場所感調査の具体的な手順について説明し、3 で多様な現場での 5 つの実践事例を報告します。第 3 章は参加型学習教材と居場所づくりについて論じた後、4 つの学習教材とその実践事例を報告します。

　本書誕生のきっかけは、長年「地域日本語教室」「地域日本語教育」について研究してきた特定非営利活動法人国際活動市民中心（CINGA ＝

Citizen's Network for Global Activities）研究チームのリーダーである杉澤経子さんの「成果を発表しよう」のひとことでした。

　1980年代後半、自治大臣により公布された「地方公共団体における国際交流の在り方に関する指針」に沿って、自治体に国際交流協会が数多く誕生しましたが、東京都武蔵野市にも武蔵野市国際交流協会（MIA）が1988年に設立されました。その専従スタッフとなった杉澤さんは、武蔵野市民の要望を受けて日本語教室を1989年に開設しました。MIA日本語教室活動を観察するうちに、地域日本語教室は何を目指すのかとの疑問を抱き始めましたが、日本語教育の専門知識を持たなかったことで、外国人市民と日本人市民が地域の構成員として対等な関係で地域参加をする活動のあり方について自由に考えることができたようです。2001年に日本語教室活動へ参加型学習の手法の導入を提案し、教室に参加する外国人も日本人も共に学び、人間関係を構築することを地域日本語教室の大きな目的としました。同時に、MIAと市民ボランティアの橋渡し役として「多文化共生社会の実現」というMIAの理念を共有する日本語教室コーディネーター職を設置しました。また、定期的に東京都内を巡回して開かれている外国人のためのリレー専門家相談会を2002年にスタートさせましたが、今では市民ボランティアと専門家が役割分担をしながら、共に新しい社会づくりに参加することが期待される事業になっています。次いで、2004年には多文化共生社会の実現に向けて活動する専門家集団であるCINGAを立ち上げました。そして2006年からは東京外国語大学多言語・多文化教育研究センターに移り、多文化社会コーディネーター養成事業に着手し、日本各地の自治体・国際交流協会・地域日本語教室の関係者に多文化共生社会の実現を訴えてきました。地域日本語教室内では参加型学習の手法により人間関係をつくり、教室の存在意義を客観的に示す道具として居場所感尺度を学者・研究者・実践者らと組んで開発しました。その後、多文化共生社会の実現を目指す多文化社会専門職機構の設立を目指しました。本書は、志なかばで病に斃れ、2017年2月に帰らぬ人となった杉澤経子さんの遺志を引き継ぎ、20年来の研究成果をまとめ

たものです。

　なお、学術論文ではなく一般書として読みやすさを重視し、注は付けず最低限の出典情報を載せました。もっと詳しく知りたいという方のために巻末にまとめて参考文献一覧を載せましたので本文と併せてご覧いただければと思います。

2018 年春　CINGA 地域日本語実践研究会

目　次

多文化共生の地域日本語教室をめざして

居場所づくりと参加型学習教材

第1章　地域日本語教室の居場所づくりとは
多文化共生施策の観点から

1　地域日本語教育と多文化共生

　地域日本語教室とはどのような場なのでしょう。また、どのような場であることが望ましいのでしょうか。そして「地域日本語教室」と「地域日本語教育」はどのように説明されるのでしょうか。

　このような問いに私たちは 20 年近く取り組んできました。私たちとは地域日本語教室関係者と教育機関に属する研究者たちで、多文化共生社会の構築を目指す市民専門家集団である CINGA のメンバーです。

　まず、地域日本語教育から話を始めましょう。地域における日本語教育の展開は、日本経済の成長期である 1970 年代後半に日本に居住するオールドカマー外国人を対象に市民ボランティアの活動として始まりました（文化庁編 2004）。その後、1990 年の入管法の改正に前後して増えたニューカマー外国人に対して、市民ボランティアによる日本語学習支援の活動は全国に広がりを見せていきます。自治体では、大阪市（大阪地域日本語教育推進委員会 2000）や川崎市（川崎市地域日本語教育推進委員会 1997）などで、1970 年代からオールドカマー外国人を対象にした識字教育が行われてきましたが、ニューカマーへの対応は、そこから 10 年以上遅れる形で 1990 年代以降に社会教育または国際化政策の一環として日本語教室が開催されるようになりました（日本語教育学会 2008）。しかし、自治体設置の日本語教室であってもその中心的担い手は依然として市民ボランティアであり、自治体や自治体設置の国際交流協会では日本語教室の設置・運営よりも、むしろ日本語ボランティアの養成や研修が盛んに行われ、市民ボランティアに依存す

る日本語教室はさらに増加しています。

　このような地域の日本語教室の特徴は、毎日学べる日本語学校のような環境とは異なり、専門の教師が配置されているわけではなく、市民ボランティアの多くは日本語教育の専門性をもっておらず、かつ開催頻度は週1回2時間程度です。しかも、学習者は背景も日本語レベルも多様な上、子どもから成人まで年齢も幅広く、日本語学習のニーズもさまざまです。したがって教室の活動形態や運営体制は多様で、大学や日本語学校などの教育機関とは大きく異なります。このような地域の日本語教室の活動およびその活動を支える環境を総称して地域日本語教育と呼ばれるようになりました。

　しかし、地域日本語教室を別の角度から見れば、さらなる大きな特徴がみえてきます。それは、上述した多様な参加者、つまり学習者と支援者である市民ボランティアは概ね同じ地域に暮らす住民であり、多文化的背景を持つ住民が継続的に接触・交流する場であるという点です。これこそ地域日本語教室が「多文化・多言語の接触・交流の水際」と呼ばれる所以ですが、2004年に文化庁がまとめた報告書にも、「日本語学習支援」を軸にした「生活支援」さらには多文化共生社会構築に向けての基礎づくりとしての「人間関係の構築」といった視点が地域日本語教室・地域日本語教育のこれからのあり方として示されています。

　本論から少しそれますが、学習者と支援者という用語について触れておきたいと思います。一般に、日本語を学びたいと教室に来る人（多くは外国人）は「学習者」、日本語などの学習を支援しようと思って活動に参加する人（実際には日本人が多い）は「支援者」と呼ばれています。そして、前者は教室の運営には関わらず、多くの場合、受け身の立場にあり、後者は教室運営の主体者です。しかし、地域日本語教室に参加する人はおしなべて必ず何かを学んで帰ると考えれば、参加者全員が学習者ということができます。また、ボランティア活動は一般に支援する側と支援を受ける側という二項対立的に語られることが多いですが、両者の存在があって初めて活動が成り立つものであり、お互いに支援し合っているということができます。したがって「学習者」と「支援者」の間では、学習し合い、支援し合う関係が成立している

と考えられます。

　このような地域日本語教室は、一期一会のイベントとは異なり、参加者が同じ地域に暮らす住民として継続的に接触・交流することによって人間関係を構築することが期待される場であるといえるでしょう。そして、上述したような特徴を持つ地域日本語教育の目的は多文化共生社会の実現にあり、本書では、地域日本語教育とは「多文化共生社会の実現を目的とする市民参加による地域の日本語教育活動およびシステム」と定義したいと思います。

　次に、「多文化共生」ですが、今日、日本語教育を含む多様な教育の領域で、多文化共生が理念的課題として提示されつつあります。ただ多文化共生とは何か、多文化共生とは文化がどういう状況にあるかについて共通した捉え方があるわけではありません。この用語は 1990 年代初めに外国人支援団体が新聞紙上で紹介された時に登場し、その後自治体の外国人住民施策のスローガンとして掲げられてきました（近藤 2011）。その後、2006 年、総務省による「地域における多文化共生推進プラン」において、多文化共生政策として体系化されました。「多文化共生」について総務省は、「国籍や民族などの異なる人々が、互いの文化的ちがいを認め合い、対等な関係を築こうとしながら、地域社会の構成員として共に生きていくこと」と定義しています。このプランにおいて「コミュニケーション支援」として「日本語学習支援」が位置づけられたことにより、地域日本語教室は、場所、予算、広報といった制度面においては充実が図られつつあります。しかし、多文化共生の理念に即していうならば、地域日本語教育は、「国籍や民族などの異なる人々が互いの文化的なちがいを認め合う」教育になっているか、「対等な関係を築く」教育になっているか、「地域の構成員として共に生き、社会参加が保障される」教育になっているかなど活動の内実が問われています。

　実際、地域日本語教室をいくつか訪れてみると、日本語学習支援にのみ関心が向けられ、学習者の抱える多様な問題・課題に十分に対応できていないという声、また理念として多文化共生社会の構築が掲げられつつも、今の地域日本語教室がその理念にどこまで、そしてどのような具体的な方法で対応すればよいのかが見えないという声が聞こえてくることも事実です。

　日本語教育研究においても、指摘されていたのは、学習者も支援者も同じ地域に暮らす住民でありながら、「相互性」や「対等性」という関係ではなく、実態は、日本語を教える人と教えられる人の立場性の問題から上下の人間関係が固定化してしまい、そのため、日本社会への同化を促すものになってしまっているのではないかという批判です。地域日本語教育の現場において、日本語教育の専門家ではない市民ボランティアが日本語を教えなければならない弊害も挙げられます。本来ならば、言語教育もしくは言語政策的な側面において、ドイツなど移民受け入れ国が実施しているように、国が外国人受け入れ政策において日本語教育専門家による教育を整えるべきではないかとの意見もあります。

　地域日本語教育を考えるとき、国が日本語教育専門家による教育制度を設け、自治体がその制度を活用することによって、地域日本語教育が言語教育の機能と外国人が住民として地域に参加していける場としての機能を両立させること、さらには多様な組織・機関とのネットワークを構築することによって、地域日本語教育を多文化の人々が共に暮らす上での問題を解決するシステムとして機能させることが重要ではないでしょうか。ここにもうひとつ、多言語専門家相談システムの保障も重要だと考えられます。

　さて、地域日本語教育は、学校教育のように学習指導要領によってそれなりの教育目標・教育内容の枠が規定されているわけではありません。また学校教育のように、教える側と教えられる側が固定的な関係をつくっているわけでもありません。多くの場・実践が、関わるものを当事者として、行政からの支援を受けながらも民間組織もしくは中間支援組織などによってつくり出されていることを考えると、学習者のニーズそして社会のニーズに即して、もっと自由に教育を構想し、もっと大胆にその教育を実践に移していくことは可能なはずです。言語学的に見た日本語教育が重要であることは改めて論じるまでもありませんが、その重要性に力点を置くあまり、時として「日本語を指導しなければならない」「日本語指導の枠を超えたことは教室の役割外である」といった狭義の日本語教育の捉え方が、地域日本語教育がもつ教育的必然性と可能性を制限しているようにみえてきます。読む・書く・話す・

聞くといった一般的にイメージされやすい日本語能力を扱うことばの教育と、ことば・文化を取り巻く生活上の課題や社会構造的な問題などを扱うことばの教育を、相互に関連させ、それぞれを鼓舞していくことが、多文化共生に向けた地域日本語教育をつくり出していくことにつながると考えられます。

2　地域日本語教室と居場所

　地域日本語教室についての私たちの研究は、数か所の自治体の協力を得ることによって、対象がより広範に、より具体的になりました。2007-2010 年度は、CINGA 日本語チームとして東京外国語大学多言語・多文化教育研究センター主催の「協働実践研究プログラム」に参加し、最初の 2 年間は主に地域日本語教室の実態調査や、日本語ボランティア養成講座の実施などを行いました。地域日本語教室の実態調査としては、運営形態や規模が異なる全国 5 か所の地域日本語教室を見学し、多様な参加者から話を聞き、同時に CINGA チームに参加している地域日本語教室実践者たちの現場の状況を精査し議論しました。その結果、地域日本語教室の 5 つの機能、「居場所」「交流」「地域参加」「国際理解」「日本語学習」が見えてきました。以下に、これらを簡単に説明します。

　5 つの機能の中で「居場所」は最も基本的な機能だと考えられます。地域日本語教室に参加する学習者も支援者も、「自分はここに居ていいのだ」「周りの人は自分を受け入れてくれる」「（日本語ができなくても）ありのままの自分でいられる」と感じられれば、教室に参加することが楽しくなるでしょう。継続的に参加することによって人間関係が育まれ、居場所感はさらに高まると考えられます。残る 4 つの機能には上下の順位はありません。学習者と支援者が「交流」することにより、情報交換や意見交換をしながら親しい関係を築くことができるでしょう。「地域参加」とは、地域日本語教室に参加することにより地域住民として互いに認め合い、地域のイベントなどに参加するきっかけが得られることを指します。学習者自らが地域に働きかけることもあるでしょう。「国際理解」は、地域日本語教室に多文化・多言語

の背景を持つ多様な人々が集まることから生まれます。支援者も含めて、年齢、性別、職業も多様な人々が多様な考え方に触れ、継続的に地域日本語教室に参加することによって少しずつ自らが変容し、柔軟な考え方ができるようになると考えられます。「日本語学習」は、地域日本語教室に参加する一番の理由としてあげられます。しかしながら、教える・学ぶ目的は人によってさまざまです。日本語で話して友達をつくりたい、日本語の力をつけて社会参加したいという思いをもつ人が多いようです。支援者の中にも外国人の友達をつくりたい、日本語を教えたいと考える人もいます。

上記 CINGA 日本語チームの活動と時期を同じくして、心理学の専門家たちからなる CINGA 上田心理相談チームが長野県上田市と協働で日系ブラジル人家族や日系人労働者を雇用する企業へのヒアリング調査などをしていました。2009 年度からの 2 年間は、日本語チームと上田心理相談チームが合流し、上田市が掲げている多文化共生施策を展開する方法を協働で研究しました。具体的には、外国人住民の実態調査を含む調査・研究と並行して日本語ボランティア養成講座のプログラムづくりと講座の実施など現場での実践活動を行いました。これらの協働実践研究から見えてきたものは、外国人に対するこころの支援としての居場所の必要性であり、また、地域日本語教室が学習者のみならず支援者にとっても居場所として機能しているという現実でした。

では、地域日本語教室における「居場所」とはどのような場所を指すのでしょうか。私たちは「単に受け入れられる場所」ではなく、「同じ地域に暮らす市民として互いに自己表現ができ、社会参加を目指す活動が行われる場所」を居場所と呼びたいと思います。地域日本語教室が、多文化共生社会の実現を目指し、外国人、日本人を問わず参加者同士が対等な関係の中でそれぞれの経験や価値観を語り合う場となれば、新たな文化を生み出すダイナミックな関係づくりが可能になるのではないでしょうか。

第 1 章の 1 で述べたように、地域日本語教室が同じ地域に暮らす多様な人々が継続的に接触・交流する場であるならば、世代、性差、人生経験、文化や言語、参加動機などの異なる参加者同士の接触は、新たな刺激や学びを

つくりだし、交流の過程を通して参加者自らの考えや意識、また世界観をも変化させていきます。地域日本語教室がそのような変化・変容が起きるダイナミックな場であるからこそ、共に育み合う関係が築けるのではないでしょうか。

　このような例は各地に見られます。ある地域日本語教室でのことです。外国人学習者が母国では日常的にスポーツをしていたのに、日本に来てからその機会がないと漏らしました。その一言から、この教室に隔週で活動するテニスサークルが生まれたのです。当初は日本人支援者が、市のテニスコートを予約していましたが、今では、外国人、日本人を問わずできる人が交替でその役をこなしています。また、日本語がまったく話せない外国人が新たに参加した時のことです。その人がプロ並みのテニスの腕を持っていることが分かり、ボランティアのテニスコーチになってもらいました。その人はコーチとして活躍しながら日本語のコミュニケーション力を磨いていきました。また、別の地域日本語教室では、教室活動後、毎月一回手芸クラブが開かれていて、手芸好きが集まりおしゃべりを楽しみながら手を動かしています。そこでは、日本語をどれだけ話せるかは問題ではなく、手芸を教え合う仲間として、共に針や編み棒を動かすことが主活動になっているのです。さらに、親子参加の教室では同じ言語を母語とするお母さんたちが出会い、そこから子どものための母語保持教室が生まれました。地域日本語教室の支援者である日本人は、その教室の誕生により外国語を学ぶ機会を得ています。

　このように、地域日本語教室において参加者それぞれが自分なりの役割を担い、自分らしく振る舞うことで自己を表現し、参加者同士で理解し合ったり共感し合ったりできる状況や環境が生まれれば地域で展開されている日本語教室は参加者それぞれにとっての居場所となるでしょう。日本語教室が地域に開かれ、活動が教室の内外とつながることで、人の輪が広がり、その地域は居心地のよい生活空間として変化していくことでしょう。その初めの一歩として地域日本語教室は機能し、地域における居場所づくりに大きく貢献していると考えられます。

　2017 年 6 月、政府は「経済社会に活力をもたらす外国人を積極的に受け

入れていく」として、外国人受け入れに舵を切り、今後外国人住民の増加が見込まれる日本社会に対して、「生活者としての外国人のための日本語教育の充実、医療通訳などの配置、就労環境の改善」などを実施していくと、基本計画に明記しました（内閣府 2017）。

文化庁では「生活者としての外国人」のための教材をすでに開発しており、2016 年度から、「生活者としての外国人」のための日本語教育支援事業の一環として、日本語教室がない、しかも設立のノウハウを持たない地域に対して人材育成を含めて 3 年間のサポートをする地域日本語教育スタートアッププログラムを展開しています。

新たに立ち上がる教室も含めて地域日本語教室が学習者にとっても支援者にとってもそれぞれの居場所になることによって多文化共生が進展することを期待したいと思います。

3　日本語教室を居場所にするための道具として──多文化社会型居場所感尺度と教材の開発

第 1 章 2 で述べたように、多文化共生を目指す地域日本語教室が参加者すべてにとって居場所であることを理解しても、居場所になっているかどうかはどうすればわかるのでしょうか、またどうすれば居場所をつくっていけるのでしょうか、その疑問に答えるために、日本語教室を居場所にするための 2 つの道具について説明したいと思います。一つは「多文化社会型居場所感尺度（以下、居場所感尺度とします）」であり、もう一つは「参加型学習教材」です。

居場所感尺度の開発は以下のような議論を経ながら進みました。各地の地域日本語教室の活動が、多文化共生を実現することができるとするならば、地域日本語教室で活動する人々の「ここが居場所であると感じられる感覚」（以下、居場所感）を客観的に見ることによって教室活動を改善していけるのではないか、つまり、自治体施策として地域日本語教育を担当する人、また地域日本語教室で活動する人々が、自分たちで地域日本語教室が居場所

として機能しているかどうかを客観的に見ることができるツールが開発されれば、「多文化共生」社会の実現に貢献できるのではないかと考えたのです。そして、具体的には、居場所感を測るアンケートを開発しました。多言語に翻訳された調査票を使用することで地域日本語教室への参加者の思いを可視化し、場のあり方について話し合う材料が得られるというものです。教室のコーディネーター、または同様の役割を担う人が、結果を読み解き、課題をすくいあげることで活動を改善するための指針を得ることができると考えられます。

　第 2 章の 3 では、各地域で居場所感アンケートを使用した調査結果とその読み解き、また結果を受けての取り組みなどの 5 つの事例を報告しています。集住地域において活動を充実させるために行った調査**1**では、コーディネーターは、その結果に最初戸惑いながらも、関係者との話し合いを通して大きな気付きを得たことが語られています。

　2では、自治体の補助を受けて開講している地方都市の教室が予算が削減されるという状況下で教室の意義を訴えるための補助資料として役立てられています。**3**は首都圏によくある市民ボランティアによる交流型の夜の教室の例で、調査結果を受けて、スタッフ増強のため自治体に養成講座の夜間開講を働きかけたり、自分たちの活動に小さな改善を加えたりしています。**4**は、自己肯定感が低かった大学生ボランティアの現場で、支援者のエンパワメントとともに、活動改善の取り組みがなされ、居場所感が高まっていくようすが経年調査により示されています。**5**は、それまでの 4 つの教室における事例と異なり、自治体や交流協会などの運営スタッフと教室ボランティアが参加した研修会での実践例で、居場所の理解を深めるために居場所感アンケート簡易版の体験をまとめたものです。第 2 章の前半の解説と後半の実践例を合わせて読むことで、地域日本語教室における居場所、居場所感尺度、居場所感アンケートなどの活用について理解が深まるものと思います。

　第 3 章では、もう一つの道具である参加型学習教材について、実践例を報告しながら日々の具体的な活動をどのように実践していくかについて、活動案を提示します。参加型学習という言葉は、日本では 1990 年前後から用

いられるようになりました。狭義には、講義のような一方向の伝達型ではなく、学習者の学習過程への参加を促す多様な手法を示す言葉として用いられるとともに、「学習者の社会参加をねらいとする学習であり、またその参加を可能とするための多様な参加型の方法・手法によって特徴づけられる学習」（山西2005）です。

　地域日本語教室には、日本語を学びたい人と教えたい人が集まってきます。学習者は、「友達がほしい」「子どもが幼稚園や学校から持ち帰るお便りが読めない」「近所の人に声を掛けられても話が続かない」「仕事を見つけたい」など個人の課題は異なっても、日本語を学べばすべて解決するという思いで教室に参加する人が多いように思います。一方、主に日本人である支援者は、「引っ越してきたばかりで知り合いがいない」「リタイアして地域に居場所が欲しい」「世界各地の人と話したい」などの思いを抱えつつも、日本語教室については「日本語や日本文化を教えるところ」とその機能を限定して考える人が多いようです。

　本書の参加型学習教材は、学習者・支援者が共に学び合える活動を生み出す手法であり、地域日本語教育活動の現場での実践から生まれた教材です。この点については第3章で詳述します。第3章には実践報告をともなった4つの参加型学習教材を載せていますので、教室で使うヒントが見つかると思います。地域日本語教室に参加する学習者も支援者も地域住民であり、日々の生活で社会に参加しています。さらにいえば、地域日本語教室自体が地域社会の一つといえます。学習活動に参加しながら、多様な文化に触れ、日本語を含むコミュニケーション能力を高め地域情報を得ていく学習は、参加型という手法を使うことで、学習者も支援者も共に学習活動に参加することができます。

　以上、地域日本語教室を居場所にするための方法として2つの道具を紹介しましたが、どちらもプログラムとして展開するにはコーディネーターやファシリテーターが重要な役割を果たします。その点については次の節で述べます。

4　居場所づくりをコーディネートする人の役割と専門性

　地域日本語教育の目的は「多文化共生」社会の実現にあり、そのためには参加者が地域日本語教室を居場所であると実感できることが重要であると述べてきました。そして、それを可能にする道具として居場感尺度と参加型学習教材を紹介しました。では、この道具を誰がどのように使えばいいのでしょうか。居場所づくりをコーディネートするのは地域日本語教室をコーディネートする人であり、一般にコーディネーターと呼ばれます。

　地域日本語教室のコーディネーターという発想は、1994 年から 7 年かけて文化庁が地域日本語教育の調査研究を行った結果、それぞれ独自の形態で活動している地域日本語教室間に共通の課題が見え、課題解決の人材として地域日本語教室のコーディネーターの必要性が指摘されたことから始まります。その後も、多文化共生社会を目指す地域日本語教育の実現に向けて、多くの市民の参加を促し、協働型の活動を実現するためには、コーディネーターが必要であるとの指摘が続きます（文化庁 2011）。

　CINGA チームのメンバーも東京外国語大学多言語・多文化教育研究センターでの数年にわたる多文化社会コーディネーター研究に参加しましたが、研究の結果、導かれた多文化社会コーディネーターの役割と専門性は多岐にわたり、守備範囲も広範になりますので、この節では地域日本語教室の居場所づくりに焦点を絞り、簡単に説明したいと思います。

　近年、コーディネーターを設置する自治体や国際交流協会が増えてきましたが、市民ボランティアのみに委ねられている活動であっても、理念を理解し、それを活動に結び付ける中心的な人物がいると思われます。このような人たちを総称して、以下コーディネーターと呼ぶことにします。

　コーディネーターにまず求められるのは、参加者間に地域日本語教育と教室の目的の共有を図ることですが、支援者は日本語に困っている外国人を善意で助けたいと思っている人や、自立・独立した市民ボランティアとしてその活動は自由でよいと考えている人などさまざまです。また、学習者の中にも日本語だけを教えてもらえればよいと自明的な目的だけを期待して参加す

る人も少なくありません。そのような参加者に対し、多文化共生社会の実現を目的とすることを納得してもらうには、理念の押しつけではなく、根気強く丁寧な対話が必要となり、コーディネーターは前述の2つの道具を活用して居場所づくりに取り組むことになります。時として孤立の恐れもあるコーディネーターを支えるには地域日本語教育の目的を共有する自治体や国際交流協会のバックアップが望ましく、ここに地域日本語教室が自治体の多文化共生施策における主要事業として位置づけられることの重要性があります。

　杉澤（2012）は、コーディネーターの役割は現場の問題を広い視野でとらえ、課題解決の仕組みをつくることであり、その役割を「参加」→「協働」→「創造」のプロセスの循環を推進することと定義しました。この視点から、2つの道具、居場所感尺度と参加型学習教材におけるコーディネーターの役割を具体的に考えてみましょう。コーディネーターの役割を考えるにあたり、ここでは居場所感尺度を活用した一連の活動を居場所感調査とします。居場所感調査においては、コーディネーターは参加者にアンケートへの協力を働きかけ（参加）、その結果を参加者と共に考察し、課題を発見（協働）し、解決策を探り改善（創造）につなげていきます。現場に問題があるかないか、あるとすればどのような問題なのかが目に見えていない場合もあるでしょう。しかし、居場所感調査を「問題を表に出し、目に見えるもの」（杉澤2010）として機能させることによって、結果を客観的に理性的に見つめ、参加者との対話を通して次の創造に発展させていく役割がコーディネーターに求められるでしょう。また、居場所感調査は評価ではなく、あくまでも調査時点での参加者の思いであり、たとえ予想外の結果であっても落胆することなく、新たな創造のための道具として、結果を冷静に読み解き、関係者との前向きな対話から創造を拓いていくことが期待されます。その過程で、自らの実践への省察を試みることも肝要です。アンケートの結果の読み解きや、それに関する話し合いは、支援者間のみでなく、学習者を巻き込んで行うことで、支援者も学習者も地域日本語教室の当事者であり、改善に向けて協働していく仲間であるというメッセージが伝わります。その際、共通言語の扱いをどうするかはコーディネーターの工夫に期待したいと思います。ま

た、自治体によって設置されたり、その後援を受ける教室の場合、そのアンケート結果は関係者と共有しながら教室が目指すものについて話し合う材料になります。多様な関係者を巻き込み、地域日本語教室のあり方への理解を広げていくのもコーディネーターの役割でしょう。

　一方、参加型学習教材は参加者の感覚と感性に訴えるものであり、コーディネーターは参加型学習の意義と意味を深く理解し、心身で納得していることが重要です。参加型学習は決して机上の理論学習ではありません。感覚を総動員して考え、感じる学習であり、それゆえ学習者と支援者が学び合い、成長していくことが実感できる活動をつくりだすことが求められます。さらに、日本語学習の視点も必要です。したがって、生半可な理解では、地域日本語教室参加者の協働を得ることはできません。

　参加型学習教材の活用においては、時としてコーディネーターがファシリテーター（促進者）役を担うこともあります。ファシリテーターには、参加者がそれぞれ異なる経験・知識・意見などをもっていることを尊重し、対話を生み出し、共感を引き出し、学び合いを促進する役割が求められ、ファシリテーター自らも意見を述べ、対話を通した学び合いに参加します。この点が単なる進行役とは異なります。ファシリテーターは上記の役割が理解できていれば誰でも務めることができますが、ファシリテーターを経験することによって多文化共生の意味と意義、ひいては地域日本語教室の目的への理解が増すように思います。したがって、地域日本語教室にファシリテーターが多くなればそれだけ多文化共生の理念の担い手が増えるといえるでしょう。この意味で、ファシリテーターを育てることもコーディネーターの役割になります。また、非常に簡単な教材であれば、学習者にファシリテーターになってもらうことも可能です。そうすることによって参加者の対等性が可視化され、学習者も活動により積極的に参加できるようになると思います。このような場をつくりだすことも役割の一つでしょう。さらに、コーディネーターは実践の中にあって、一方では活動に主観的に参加しながらも、目的やねらいがぶれないよう活動全体と参加者たちの言動を客観的に注意深く観察する必要があります。

　以上、2つの道具をコーディネーターはどのように活用すればよいのか、居場所づくりの観点からコーディネーターに求められる役割を具体的に述べてきました。これらの役割から、居場所づくりにおけるコーディネーターの専門性が見えてくるのではないでしょうか。まず、コーディネーターに求められるのは地域日本語教育の目的と地域日本語教室が目指す方向、つまり多文化共生社会の実現に対する信念と想いを持っていること、次に、目的や目標に向かって課題を拾い上げ解決のための実践力があること、加えて自己の実践に対し省察できること、の3つだと思います。さらに日本語教育の知識と経験があることが望まれます。参加型学習教材を教室活動に取り入れる場合、それが学習者にとって必然性があることが重要ですが、「日本語学習」にこだわりの強い参加者が納得できるようなプログラムをつくるためにも日本語教育の知識や経験が生きてくると思われます。

　第1章では、地域日本語教育の目的は多文化共生社会の実現であり、その一歩は地域日本語教室を参加者の居場所にすることであると論じてきました。地域日本語教室がその目的に向かって進むためには、地域日本語教育の目的を共有する自治体や国際交流協会のバックアップが大きな力になります。より多くの地域日本語教室が自治体の多文化共生施策における主要事業として位置づけられ、市民と行政が協働して新しい社会づくりを志向する取り組みに期待したいと思います。

　（伊東祐郎、河北祐子、新居みどり、宮崎妙子、山西優二、山辺真理子）

第2章　「多文化社会型居場所感尺度」と地域日本語教育での活用法

1　心理学における「居場所」から「多文化社会型居場所感尺度」へ

⑴心理学における居場所

　居場所という言葉は、物理的側面と心理的側面を持っていて、居場所の研究もこの2方面から行われてきましたが、対象は、ほとんどが児童から高校生にかけての子どもたちでした。前者は、地理学や建築学系の研究であり、子どもから高校生の生活空間全体を、集合場所や施設の利用という環境から捉え、その居場所的意味について述べています。また諸外国では、心理学的概念を包括した「居場所」という概念が存在しないため、地理学や建築学系の研究を含め、居場所研究はほとんどないといえます。

　一方、心理学、教育学的視点からは、不登校の子どもたちが急増したことにより、1980年代後半から、学校外の「居場所」が注目され始め、居場所研究がなされるようになりました。1992年には文部省が「登校拒否問題について―児童生徒の『心の居場所』づくりを目指して―」という報告書を出し、居場所づくりの必要性を指摘しています。その報告を受けて、学校内でも「心の居場所」づくりが行われ、その実践が報告されるようになりました。1990年代後半になると心理学、教育学視点からの居場所研究が盛んになりました。2003年には、文科省が「子どもの居場所づくり新プラン　地域子ども教室推進事業」により、「3カ年計画で計画的に子どもたちの居場所を用意する」ことを発表したため、「居場所」づくりの推進に、いよいよ拍車がかかりました。

　心理学における居場所を考える場合には、対象が問題になります。不登校状態にある児童生徒の研究から居場所問題が始まったこともあり、ほとんどが、小学生か中学生でした。しかし、近年の子どもや青少年のこころの問題は、少年犯罪、いじめ、自殺と広がっており、対象も高校生から大学生へと拡大を見せています。最近の心理学的な居場所研究では、発達的変化を視野に入れた配慮がなされており、静的研究から動的研究に移行しつつあります。

　居場所は大まかには、個人的居場所と社会的居場所の2つに分けられます。前者は、「他者との関わりから離れて自分を取り戻せる場所」、たとえば自分の部屋、家庭などであり、後者は、「他者との関わりを持つことで自分を確認できる場所」、たとえば、学校、公園などです。

　以上のことを基礎にして、居場所の定義を考えてみます。これまでの研究から、居場所の定義をあげると、「自分の安全を守り休息と新しいエネルギーの補給をしてくれる環境（木全, 1999）」、「他者との関わりの中で自分の位置と将来の方向性を確認できる場所（田中, 2001）」「一人ひとりの存在価値を認め、大切に扱ってくれる場所（笠井, 2003）」、「安心感とリラックス感をもてる場（住田, 2004）」などがあります。また、心理学的視点からは、藤竹の定義する「自分の存在を確認できる場所」がわかりやすいと思います。以上を集約すると、精神的安定、アイデンティティの確認、自分自身の確認が重要な要素になっていることがわかります。

⑵心理学における居場所感尺度

　従来の居場所研究は、他者との関係において自分自身が自分の存在を認め、安心できる場所というように、たいていは人間関係の中における安心感を重要視してきました。しかし、中学生から高校生、大学生になると、自分の存在を認め安心できる場は、必ずしも対人関係の中とは限りません。つまり静的視点に、発達というプロセスを加えると、居場所はより動的な要素を包含すると考えられるようになりました。

　これまで報告されている居場所感尺度の中では、杉本ら（2006）が統計

的な処理を行って作成した「居場所心理的機能尺度」が、最も詳細な検討がなされていると思います。この尺度によって取り出された居場所と感じられるための要因は、①自分が他人から受け入れられているという「被受容感」、②無理をしないでリラックスして自分らしくいられるという「精神的安定」、③自分の好きなことを自由にできるという「行動の自由」、④「自分のことについて考えたり物思いにふけるという「思考・内省」、⑤自分に自信がもててうまくやれるという「自己肯定感」、⑥人を気にしたり相手に合わせたりしないでいいという「他者からの自由」の 6 つです。「自分ひとりの居場所」では思考・内省や他者からの自由が高く、より静的な居場所であるという心理的特徴が指摘されています。また、「家族以外の人のいる居場所」では被受容感や自己肯定感が高く、より動的な居場所であるという心理的特徴が指摘されています。質問項目の内容などから、杉本らの「居場所心理的機能尺度」を基盤にし、本書の筆者らが中心となって外国に繋がる人たちの居場所感尺度を作成することにしました。

⑶心理学における居場所感尺度から
多文化社会における居場所感尺度へ

　大学生および高校生を対象にした、斉藤（2007 年）の「心理的居場所感尺度」では、これまでの静的居場所感から、発達的視点を入れたより動的な居場所感が考案されています。たしかに居場所とは、時間的、横断面的に切り取られたものではなく、一つのプロセスとして考えられるべきものであり、また空間的にも居場所は一つとは限らず、むしろ、家庭、学校、地域、職場といったさまざまな居場所ネットワークの中に存在していると考えられます。

　居場所感を個人という静的側面でなく、より動的な対人関係的側面から捉えると、居場所感は次の 3 つの軸で捉えられます。まず 1 つは、自己という、より内面的側面です。安心感といった静的側面も含まれますが、被受容感、自己表現感という他者との関係性において生ずる動的側面が中心となります。これらは、他者の存在があって生ずるものですが、より個人の内面に所属し

ているということができます。2つ目は他者との関係性の中に生ずるものであり、安心できる人の存在、他者から認められた存在などです。3つ目は社会との関係、すなわち社会参加することによって生ずるものであり、社会における所属感、役割感などが入ります。

　しかし、これらの要素は、必ずしも1つだけに限定されているわけではなく、たとえば役割感は社会的に生ずると同時に、他者との間にも生じます。また最初に述べた安心感は、単に個人の内面に生じているというよりは、個人、対人関係、社会的側面の3つの根底にあり、3つすべてを根底から支えているということができます。そして、被受容感、役割感、自己表現感は、上記の3つの側面と関係しながら、これらの根底にある安心感を基にして、動的プロセスとして表れています。すなわち、居場所とは、人が対人関係を中心とした環境の中で、対人的な意味空間をダイナミックに変化させていくプロセスということができます。

　多文化社会における居場所を考える場合には、上記要素に文化の問題が加わります。文化の定義は多種多様であり、一概に定義することは困難ですので、ここでは箕浦に倣って、「それぞれの社会が内包しているその社会特有の意味体系」と定義しておきます。文化としての意味体系の機能は、4つあります。第1は、その文化を構成する人たちの考え方や振る舞い方の基準を表示する機能、第2は、紙切れを貨幣という価値ある文化的実在物に変えるように、意味を構成する機能、第3は、構成する人たちに一定の行動をとるよう動機付ける機能、第4は、特定事象や行動に特定の感情をもたせる機能であるといえます。ある文化の中で生活することは、その文化特有の行動や価値で満たされた環境に身を置き、成長する中で、それを摂取し、文化に関連した動機・感情体系を身につけ、自分自身にとって意味のある空間をつくり出していくということです。

　WHOは人の健康概念を、bio-psycho-socio-spiritual（生物 - 精神 - 社会 - 実存的）なものとして定義づけており、その中に文化的次元は組み込まれていません。文化は、生物学的次元では人種や民族性として、精神や社会的次元では人間関係や生活場面における習慣や生活様式として、実存的次元では、

根源的な自然との出会いである風土性や宗教性において、それら 4 つの次元を結ぶものとして、織り込まれ済みと考えられます。

　以上のことから、文化は個人・他者・社会との関係を特徴づけ、個人と他者や社会をつなぎ合わせるフィルターの役目を果たしていると考えられます。すなわち、居場所感を考えると、個人・他者・社会的存在としての人間は、文化というフィルターを通して、被受容感、役割感、自己表現感を感じ取りながら、プロセスを踏んでいくことになります。

　次項のために、なぜ多文化共生社会における居場所を「多文化社会型」と命名したかを説明しておく必要があります。あえて多文化社会型としたのは、さまざまな文化を纏った人たちが出会う居場所であり、それゆえに、心理学的視点から見た居場所よりは、より動的で、常に協働作業のもとに新たなものが生まれ変化していく創造的場所として、居場所を定義したかったからといえます。

⑷共生社会における「多文化社会型居場所感尺度」

　多文化共生社会においては、文化は複層的であり、人間が選びとる文化は複数ありますが、マジョリティに歩み寄ってその文化に適応することが、必ずしもマジョリティ文化の中で生活しやすいとは限りません。歩み寄るより、むしろ葛藤し合う文化と文化の間に、ある程度距離をおきながら、その場を共有し、文化の棲み分けを認め合う方がいいこともあります。外国に繋がる人にとっては、母語や文化の継承はアイデンティティを保つ上で必要なことです。まさに「多文化社会型居場所」では、このような「文化の相互独立的併存」の棲み分けが必要だろうと考えられます。「多文化社会型居場所」にはさまざまな文化を纏った人たちが集まります。日本の文化に同化を促すのではなく、相互の文化を認め合った上で、棲み分けを介して新たな文化の創造に向かう居場所が、この「多文化社会型居場所」です。この、「多文化社会型居場所」を構成する要素を概念的に示したのが図 1 です。筆者らの研究チームでは、この「多文化社会型居場所」を「多言語多文化化する社会に

おいて、言語・文化の異なる人々が『居場所』と感じられる場」と定義しました。なお、この概念図の中央に記載している「文化」については、「人の中」で形成される文化の多様性や多層性が、また「人の間」で形成される文化的同化・文化的融合・文化的並存・文化的創造が、言語・文化の異なる人々が活動する場での居場所感を形成する3つの要素に影響を与えると考えられることから、3つの要素の奥底にあるものとして位置付けています。加えて、自分にとっては当たり前だと思っていることでも、相手にとっては当たり前ではない、つまり、お互いの文化や感じ方、見方は異なるという視点が多文化社会型居場所を考えていく際には特に重要であり、常にそれを意識する必要があると考えたため、あえて「文化」を記載しました。

　この多文化社会型居場所における居場所感を測定する尺度を作成するためには、まず根底を支えている「安心感」を尺度の要素に組み入れ、それをもとに「被受容感」「役割感」「自己表現感」といった心理的側面、続いて、人間相互の役割や活動からみた社会的側面を入れ込む必要があります。心理、社会的側面を特徴づける文化的要素は、両者を結ぶ共通点として組み入れていく必要があります。しかし、この文化的要素は、「安心感」「被受容感」「役割感」「自己表現感」すべてに、すでに均等に入り込んでいるので、直接的に組み入れるのはなかなか困難と考えられます。

　また、「多文化社会型居場所感尺度」に、より動的、プロセス的要素を入

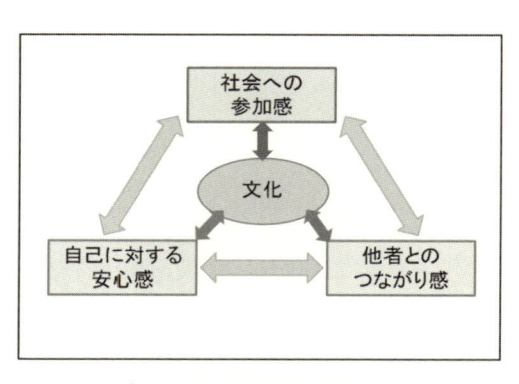

図1　多文化社会型居場所感の構成要素

れ込むとすれば、多文化化、あるいは文化変容の問題を抜きにすることはできません。箕浦は、子どもたちが成長していく中での多文化化の 3 要素として、社会で生計を立てていけるスキル（技術訓練）、他の構成員と調和的関係を保ちながら、集団の中で一定の役割を遂行していける社会的技量（社会化）、その社会の意味体系（意識・ものの考え方）の 3 つをあげています。こうした 3 要素を何らかの形で尺度に入れ込む必要があると考え、筆者らが既存の居場所感尺度を基盤にしながら、質問項目の修正や追加を行いました。

⑸多文化社会型居場所について

　「多文化社会型居場所感尺度」について述べてきましたが、最後に、この居場所に具体的に求められるものは何なのかについて考えてみます。現在の「多文化社会型居場所」の多くは地域日本語教室が担っていますが、第二世代の育成を中心に考えると、外国に繋がる人たちが出会うと考えられる多文化スペースや外国人相談窓口も重要な居場所になる可能性を秘めています。

　しかし、「多文化社会型居場所」であっても、ただ共に集うだけでは、第二世代の育成に繋がりません。以前筆者らが行った、外国人を対象とした聞き取り調査から分かったことの一つに、第二世代の子どもたちは概して自己肯定感が低いことがあります。自己肯定感の低さと居場所のなさに関する関連性は従来から指摘されていますが、居場所があれば、自己肯定感が高まるかというと、そう簡単に、直接的に結びつくものではないと思います。

　高橋は、自己肯定感と居場所感を直接結びつけるのではなく、「居場所化の過程で種々の対立や葛藤を乗り越えることにより、精神的回復力（Resilience）が向上した結果、自己肯定感の安定が増す」というモデルを提唱しています。第二世代の子どもたちは、両親や友達とのコミュニケーション不足、学校における授業のわからなさなどから、自信をなくし、自己肯定感が低下していることから、高橋の述べるような精神的回復力を向上させ、自己肯定感を高める仕掛けが必要と考えられます。

　さらに、多文化共生社会における「多文化社会型居場所」は、家庭、学校、地域、職場などのあらゆる場所が想定されます。そしてそれらの居場所は固定的でなく、相互に関連をもつべきだと考えられます。家庭、学校、地域、職場など相互の協働可能な多様な居場所ネットワークがあってこそ本当の意味の「多文化社会型居場所」といえるのではないでしょうか。

（阿部裕）

2　居場所感調査の分析方法と結果の読み解き方

⑴「多文化社会型居場所感尺度」とは

　本節では、日本人と外国人の関わりが生まれる場の中でも、多文化共生社会の実現をめざしている地域日本語教室という場を「多文化社会型居場所」と位置付けて、話を進めていきたいと思います。

　さて、地域日本語教室のような多文化社会型居場所を論じるにあたって重要になってくるのが、居場所の成立要因とその指標です。まず居場所と感じられる感覚を居場所感とすれば、地域日本語教室でどのような要因が満たされれば、そこで活動している人々の居場所感が高まるのでしょうか。筆者らは、居場所に関する先行研究を概観して、全国数か所の地域日本語教室を対象に調査を行い、多文化社会型居場所での居場所感を測定する尺度を開発しました。その調査結果から、地域日本語教室における居場所の成立要因として、「役割」「被受容」「交流」「配慮」「社会参加」の５つの要因が必要であるという結論に至りました。同様に、日常生活では、「役割・被受容」「交流」「配慮」「社会参加」の４つの要因が必要であるという結論に至りました。そして、その各要因の感覚を測定するための質問項目について、統計的な分析を行うことで、信頼性や妥当性の検討を行いました。これらのプロセスから作成された尺度が、「多文化社会型居場所感尺度」です。この尺度は、先述した調査の結果から導き出されたベースラインを有しているため、このベースラインがひとつの指標となります。つまり、ある地域日本語教室の居場所感を測

定した際に、その教室で活動している人々の地域日本語教室における居場所感の各要因（「役割」「被受容」「交流」「配慮」「社会参加」）と日常生活における居場所感の各要因（「役割・被受容」「交流」「配慮」「社会参加」）をその指標と比較することができるようになります。その比較から、各要因がどの程度低いのか高いのかということを知ることができ、そこから、その理由を考えるプロセスのなかで、現状の教室活動を把握することができたり、教室活動の改善につなげたりすることが可能になるのではないかと考えています。

　この尺度について、具体的なイメージを持っていただくために、この尺度の構成や居場所感の各要因について説明を行なっていきたいと思います。まず、この尺度は、地域日本語教室における居場所感を測定するための 28 の質問項目と、日常生活における居場所感を測定するための 28 の質問項目の合計 56 の質問項目から成り立っています。各質問に対して、「1：全く当てはまらない、2：あまり当てはまらない、3：どちらとも、4：ほぼ当てはまる、5：とても当てはまる」の 5 つの回答からどれかを選択する形式になっています。各質問項目は、地域日本語教室における居場所感の各要因（「役割」「被受容」「交流」「配慮」「社会参加」）、日常生活における居場所感の各要因（「役割・被受容」「交流」「配慮」「社会参加」）に割り振られているため、回答後に集計することで各要因の得点を算出することができます。各要因の説明については、表 1 の通りとなっています。

　なお、調査票は多言語に翻訳されており、巻末資料に掲載されているWeb ページからダウンロードすることができます。

⑵「多文化社会型居場所感尺度」の活用方法（調査および分析の流れ）

　さて、それでは以下のステップに沿って、「多文化社会型居場所感尺度」の活用を考えていきましょう。

ステップ①

　地域日本語教室の参加者に「多文化社会型居場所感尺度」を活用したアンケート調査の協力を求める場合、誰が調査の主体なのか、どのような目的で調査を行うのか、調査結果はどのように活用されて、どの範囲まで調査結果が公開されるのかを明確にする必要があります。当然、アンケート調査の協力を求める参加者に対しては、個人が特定されないこと、任意の調査依頼であること、調査を断ったとしても何も不利益がないことなどを書面で説明する必要があります。調査主体が地域日本語教室の外部者である場合は、特に当該地域日本語教室を運営している代表者に調査目的、活用方法を説明し、

表1　地域日本語教室および日常生活における居場所の成立要因

	各要因の名称	各要因の説明
地域日本語教室	役割	「自分は教室のために何かできる」「教室ではアイデアを出すことができる」など、役割に関する要因
	被受容	「自分は理解されている」「いきいきできる」など、自分は受け止められているという安心感に関する要因
	社会参加	「教室では地域の知り合いが増える」「教室の仲間と食事に行ける」など、地域や社会での活動につながることに関する要因
	交流	「教室の人は友達になってくれる」「教室の人は困ったとき相談にのってくれる」など、人との交流に関する要因
	配慮	「教室の人は自分を無視する」「教室の人は冷たい」など、疎外感や差別感に関する要因
日常生活	役割・被受容	「自分は役に立っている」「いきいきできる」など、日常生活の中での役割や安心感に関する要因
	社会参加	「地域のイベントに参加できる」「地域では行政サービスを利用できる」など、日常生活の中での地域や社会とのつながりに関する要因
	交流	「地域の人は困った時に相談にのってくれる」「地域の人は友達になってくれる」など、日常生活の中での人との交流に関する要因
	配慮	「地域の人は自分を無視する」「自分はひとりぼっちだ」など、日常生活の中での疎外感や差別感に関する要因

調査に対して同意を得る必要があります。ある特定の地域日本語教室で、また ある地域の複数の地域日本語教室で実施する場合には、このステップ①は 非常に重要になってきます。このステップ①をしっかり踏むことが、この後 のフィードバックや活用方法について、調査を実施した地域日本語教室の代 表者と、または参加者と建設的な話し合いを行うための土壌となります。

ステップ②

　調査主体が誰なのか、また調査目的や調査結果の活用方法と公開範囲が明 確になり、かつ地域日本語教室の代表者や参加者の調査に対する同意が得ら れたら、実際どのように調査を実施するのかを考えましょう。具体的には、 調査日時をいつにするか、誰が回答方法の説明をするか、どのようにアンケート 票を回収するかです。調査日時や誰が回答方法を説明するかという点はす ぐに決まると思いますが、このステップ②で重要なのは、どのように回収す るかです。地域日本語教室の活動時間内で実施する場合、日本語を学びたい と思っている学習者からすると、いつも日本語を教えてもらっている人に回 収されるのでは、自分がどのように回答したのかを見られたくないと感じた 場合、正直にそして自由に回答することを妨げてしまうかもしれません。ま た、アンケート票で使用する言語については、回答する人が一番回答しやす い言語としていますが、調査目的をよく理解していない人がいた場合、アン ケートへの回答も日本語学習の一環として、日本語のアンケート票で回答さ せられてしまうかもしれません。回答する参加者が、自分の感じ方を率直に 正直に回答できるような回収方法の工夫が必要です。場合によっては、回答 方法を説明する人がその場に居合わせている状況で回答してもらったり、回 答後に封筒に入れて封をしてもらってから回収したり、自宅に持って帰って もらい郵送で送ってもらったりするなどの工夫が必要です。

ステップ③

　実際に調査に入る前に、調査者自身で一度「多文化社会型居場所感尺度」 のアンケート票に回答してみましょう。アンケート票では、まず地域日本語

教室に関する質問に回答し、次に日常生活に関する質問に移りましょう。「居場所感」という感じ方を問うものなので、あまり深く考えずに回答してください。最後に、記入漏れがないかどうかの確認を行います。

ステップ④

それでは実際の調査を行います。今後、分析を行うにあたり、主に支援者である日本人と、主に学習者である外国人とを別々に集計します。そのため、調査票の配布時に、支援者か学習者かがわかるようにしておきます。また、調査協力者に対して、調査票への回答後、質問項目に抜けがないかどうかを確認してもらってください。

ステップ⑤

さて、ここからは分析に入ります。分析を行うにあたり、巻末資料に掲載されている Web ページから、「居場所感尺度結果集計」という名前のエクセルファイルをダウンロードしてください。そのファイルを開くと、複数のシートから成り立っていることがわかると思います。このファイルの使い方については、一番左側のシートの「使い方」をご覧頂ければと思います。ここでは居場所感調査の流れをお伝えすることに焦点を当てているため、このエク

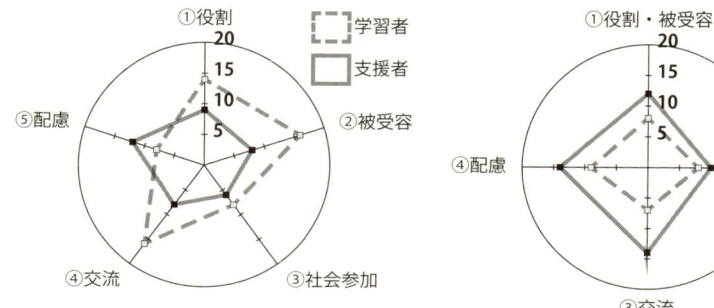
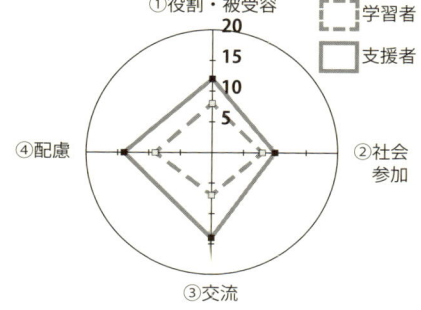

図1　地域日本語教室における居場所感グラフの一例

図2　日常生活における居場所感グラフの一例

セルファイルの具体的な使用方法は割愛したいと思います。次のステップでは、エクセルファイルにデータを入力すると、最終的に図 1 と図 2 のような支援者と学習者それぞれの居場所感グラフが作成されますので、この居場所感グラフの読み解きに焦点を当てて話を進めていきます。

ステップ⑥

　図 1 は「地域日本語教室における居場所感グラフ」の一例、図 2 は「日常生活における居場所感グラフ」の一例となっています。

　それでは、この居場所感グラフを見てみましょう。地域日本語教室における居場所感のグラフは五角形をしていますが、場合によっては大きかったり小さかったり、また五角形が均等であったりいびつであったりしていると思います。同様に、日常生活における居場所感のグラフは四角形をしていますが、大きかったり小さかったり、均等であったりいびつであったり、様々だと思います。この大きさ自体が居場所感の大きさを表し、突出した部分はその因子が大きく、へこんだ部分はその因子が小さいことを表しています。このグラフの詳細は次のステップ⑦で検討しますが、まずこれらのグラフの形を見て、当該地域日本語教室の印象と照らし合わせてみましょう。

ステップ⑦

　当該地域日本語教室における五角形の居場所感のグラフ、日常生活における四角形の居場所感のグラフについて、分析を進めていきましょう。はじめに、地域日本語教室における居場所感において、支援者と学習者との居場所感の違いがないかどうかを検討します。学習者よりも支援者の方が大きい五角形だったり、一方、学習者よりも支援者の方が小さい五角形だったりする場合、五角形が小さいと居場所感が低いということになるため、何かしらの要因によって、その地域日本語教室が居場所と感じにくい状況になっていると思われます。

　学習者の居場所感が小さい場合は、もしかすると、学習者は数回、地域日本語教室に顔を出すが、その後なかなか継続して参加しなくなるなど、地域

日本語教室としての課題はないでしょうか。どこの因子がへこんでいるかによって、活動の修正点が異なってきます。当該地域日本語教室で挙がっている課題などとの関連付けを行い、打開策を見つけていく必要があります。

　支援者の居場所感が小さい場合は、支援者として活動が苦しくなっているのかもしれません。「④交流」の因子などがへこんでいる場合には、支援者同士のコミュニケーションが不足していたり、現在の運営方法が苦しいと感じていたりする支援者の存在が示唆されます。また、全体が小さいわりに、「①役割」が突出して高い場合などは、支援者自身が役割を強く感じ過ぎてしまい苦しくなっているのかもしれません。この場合も、日頃教室の課題として挙がっていることと関連付けて、活動の修正点を探していく必要があります。

　学習者の居場所感を見ていく場合、日常生活との比較も大切な情報となります。日常生活における居場所感のグラフが小さく、地域日本語教室における居場所感のグラフが大きい場合、当該地域日本語教室は居場所と感じられていると思われます。特に学習者の場合、地域日本語教室における居場所感の因子である「⑤配慮」と、日常生活における居場所感の因子である「④配慮」は、自文化の中で生活している日本人に比べ低くなる傾向があります。この配慮の因子が極端に低くなっている場合は、配慮されていない、つまり差別されていると感じているかもしれません。それが地域日本語教室で見られる場合は、やはり活動や教室運営の修正点を探す必要があるかもしれません。

ステップ⑧

　最後にステップ⑦で分析した、「多文化社会型居場所感尺度」から考えられる当該地域日本語教室の特徴をどのようにフィードバックするかを考えたいと思います。調査の主体が当該地域日本語教室の関係者であるならば、教室の運営会議やミーティングの場で、日頃の課題と合わせてフィードバックを行いたいところです。この「多文化社会型居場所感尺度」の調査から導き出された結果は絶対的なものではなく、調査の誤差や当該地域日本語教室の平均値を代表値として扱っている点などを含め、あくまで「仮説である」という理解は必須です。そして、このフィードバックの最も重要なポイントは、

へこんでいる部分について非難することではなく、へこみの部分から建設的な話し合いができるかどうかです。この話し合いの中で日頃から感じている教室の課題や、もっとこうしたい、もっとこのように活動したいと活発な意見を出し合えるきっかけになれば、このフィードバックは成功と言えるのではないでしょうか。

　調査の主体が当該地域日本語教室の外部者である場合、やはり建設的な話し合いにもっていくための工夫が必要になってきます。外部者である場合は、当然、当該地域日本語教室の代表者に調査の同意を得ているはずです。そのため、まず代表者と調査結果を共有した後に、どのようにフィードバックを行うのかの打ち合わせが必要になってきます。代表者の意向に沿いつつも、やはり当該地域日本語教室で行われているミーティングなどで、教室の参加者に伝えたいところです。そこで、調査結果を引用しながら、このような結果からはこんなことが推測される、こんな状況が示唆されるということをフィードバックする中で、教室の参加者が日頃感じている問題意識や課題などを拾い集められるとよいのではないかと思われます。ただ、調査結果は仮説とはいえ数値で出るものですので、安易に他の地域日本語教室との比較を行ったり、数値の小ささについて非難したりするようなことは絶対にあってはなりません。当該地域日本語教室の外部者がフィードバックを行うわけですから、数値の大小に注目するよりも、形のいびつさやフィードバックの際に語られる当該教室の問題意識に関心を払い、なによりもその当該地域日本語教室の変化しようとする動きに寄り添う姿勢が重要です。

　以上、「多文化社会型居場所感尺度」を活用するための調査方法をステップ①からステップ③で、分析方法と結果の読み解きをステップ④からステップ⑧で示しました。この「多文化社会型居場所感尺度」という道具を使う際に重要なことは、調査結果を調査対象とする地域日本語教室の課題を抽出したり現状を把握したりするために活用するという目的をもって使用するという姿勢です。そのため、調査のみで完結するような調査は望ましくありません。調査を行った後に、その調査結果を当該地域日本語教室にフィードバッ

クして、その教室の活動について話し合う機会をつくらなければ、この尺度は十分に活用されたとは言えないと思います。次節に、この「多文化社会型居場所感尺度」を実際に活用した事例を掲載しますので、ぜひ具体的な事例を熟読していただき、この「多文化社会型居場所感尺度」の活用方法から地域日本語教室が持つ可能性について考えていただければと思います。

（石塚昌保）

3 （1)居場所感アンケートの活用事例

❶ 活動を充実させるために──集住地域の教室で

»背景

　愛知県A市では、1990年の改正入管法の施行以降、自動車関連産業を中心とする製造業の活況もあって外国人住民、特に日系南米人が急増しました。一時は、全住民における外国人住民の比率が3.96%（2008年）にもなり、彼らへの日本語教育が課題として挙げられるようになっていました。こうした状況を背景として、A市は2008年度より近隣の大学と協働し、外国人住民の日本語学習の体制整備を目的とした「A日本語学習支援システム（以下、Aシステム）」を構築・運用してきました。

　このAシステムでは、日本語教室の運営支援を中心として、学習者の日本語能力を測定する日本語能力判定、教室の外でも日本語が学べるようなeラーニングやiPhoneアプリの開発、運営に関わる人材の育成の4つの要素を関連付けながら外国人の日本語能力の向上や学習支援環境を整備する取り組みを「体制」として確立することを目指しました。このような取り組みの中、こうした体制を運用していく人材として、Aシステムでは2種類のコーディネーターを配置しています。その2種類のコーディネーターはシステム・コーディネーターとプログラム・コーディネーターです。

　システム・コーディネーターは、Aシステムの中核人材として動いています。日本語教室の開設や日本語能力判定の開発・実施など、全体的なコーディ

ネートを行います。この A システムではシステム・コーディネーターとして日本語教育の専門家を配置していますが、実際に日本語教室で日本語指導を行ったり、日本語教室の実際の活動を組み立てたりするのでなく、日本語教育の体制を整備するための業務を担っています。

　次にプログラム・コーディネーターの役割です。プログラム・コーディネーターは、日本語教室において実際に教室活動を進行したり、教室活動を事前に組み立てたりします。ですから、実際の活動を立案・実施するのがプログラム・コーディネーターです。A システムでは、「地域に密着し交流の要素を兼ね備えた日本語教室」として日本語教室を位置づけ、毎回事前に設定したテーマ（話題）に基づき会話や表現を学んでいきます。このときに実際の会話の相手や活動の相手として活躍するのが日本語パートナーです。日本語パートナーは会話の補助として、ボランティアで参加しています。今回の調査では、この日本語パートナーを支援者として調査を実施しました。

　今回報告する実践事例に取り組んでいたときは、A システムのシステム・コーディネーターを務め、2010 年度から 2015 年度までの 6 年にわたり活動していました。6 年の間に多くの学習者が日本語教室に参加し、離れていきました。地域日本語教室であれば、このような現象は当たり前のこととして受け止められていることです。一方で、2012 年の調査時点では、筆者の中には漠然とした疑問がありました。「教室の進め方がよくないのだろうか」「支援者の関わり方がよくないのだろうか」。このような疑問を突き詰めるためにも、学習者、支援者が思っていることを明らかにしたいと、この居場所感尺度を活用することにしました。

　ここでは、どのようにコーディネーターとして、この居場所感尺度というツールをとらえ、自身のコーディネーターとしての意識変容につなげたか説明します。

» 2012 年度の調査結果とその後のアクション

〔2012 年度の調査結果〕

　筆者が初めて居場所感尺度を使用したのは、2012 年度のシステム・コーディネーターとして 3 年目のときでした。2012 年度調査では、2 回異なる

時期に調査を実施し、その間に実践を行う予定でした。そのうち、1回目の調査では、企業の中で開催する日本語教室や公営住宅で開催する日本語教室など、いくつかの日本語教室において実施しました。そのときは、日本語教室に参加している学習者や支援者の本音が知りたいという漠然とした課題設定でした。前述のように交流を主軸に置いた日本語教室を開設しているという自負があったからか、コーディネーターとしての力量が低かったからか、あまり具体的な活用方法をイメージしていなかったように思います。

　実際に居場所感調査を実施してみると、その結果は予想を裏切るものでした。下記に、もっとも特徴的な結果が出たケースを挙げます。当時企業の中で実施していた教室での調査結果です。企業の昼勤と夜勤の間に実施していたクラスで日系ブラジル人の参加者が多く、参加者は全員その企業で働く人たちです。

　この調査結果では、支援者の居場所感に対して、学習者の居場所感が小さいことが分かります。「配慮」はある程度高く、支援者に近いものの、全体としてはかなり低い結果となりました。

　続いて、同じ時期に外国人が多く住む公営住宅の集会所で開いたクラスで実施した調査の結果です。このクラスは、集住地域の公営住宅で開催していたということもあり、日系ブラジル人の学習者が多く、平日の夜に90分で開講していました。

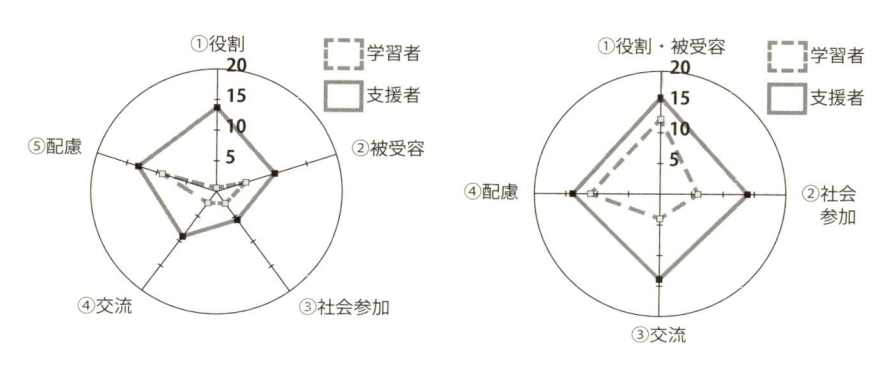

○支援者と学習者の居場所感の違い（企業内教室）

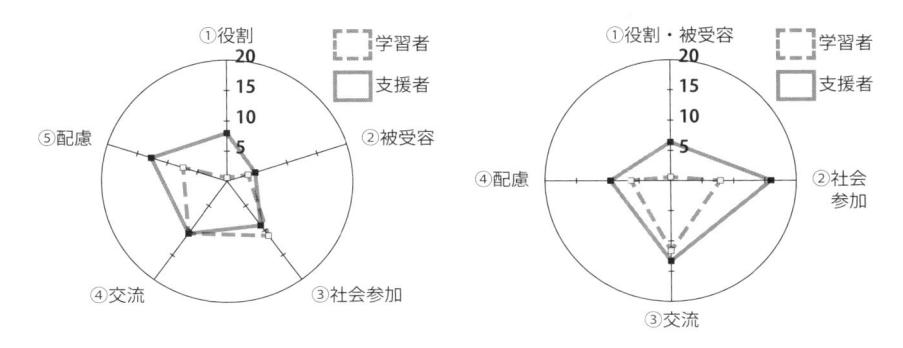

○支援者と学習者の居場所感の違い（公営住宅内教室）

　この結果についても、支援者よりも学習者の居場所感が小さくなりました。特に日本語教室では、支援者の居場所感が学習者よりも大きいものの、各因子の高低は、役割感以外はほぼ同じ傾向にありました。

〚その後のアクション〛

　これらの結果に筆者は大変なショックを受けました。日本語教室の内容については、様々な人たちとの協働の中で実施し、振り返りや検討を十分に行っていたつもりだったからです。また、日本語教室では学習者や支援者は大変楽しそうに学習活動を行っていました。そのため、どうしてこのような結果が出るのだろうかと信じられない気持ちにもなりました。しかし、この筆者の感想自体は、筆者が日本語教室の「評価」として、居場所感調査の結果を受け取ったことを示しています。

　まず居場所感調査の研究チームとの振り返りの中で、本書の第２章「２居場所感調査の分析方法と結果の読み解き方」で書かれているような「安易に他の地域日本語教室との比較を行ったり、数値の小ささについて非難したりするようなことは絶対にあってはならない」というフィードバックを受けました。そのときに、そのメンバーのうちの一人から「とてもいいリソースを得たね」と声をかけられたことを今でも覚えています（ただそのときは、その言葉の意味がよく理解できませんでした）。

　こうしたアドバイスを受け、企業内日本語教室と公営住宅内日本語教室に

ついて、日本語教室を担当しているプログラム・コーディネーターに、グラフを見せてこの調査の趣旨を改めて説明し、決して日本語教室活動が評価されているものではないことを前提としてフィードバックを行いました。また、Ａシステムの運営を補助している事務員にも意見を聞きました（この事務員は普段から客観的にプログラム・コーディネーターや支援者に関わっているため）。すると、プログラム・コーディネーターおよび事務員は、はじめは驚いていたものの、徐々にこの結果を前向きに捉えるようになりました。ここでは、今回の調査の振り返りを実施したことによりわかったことについて紹介します。

〇前提条件を多角的に捉え直すこと

特に企業内日本語教室の結果について出てきた意見ですが、「企業の中で日本語教室を開催していることによって、教室外の関係性が教室の中に影響している可能性はないだろうか」との意見が出てきました。確かに、その教室の担当をしているプログラム・コーディネーターは、この教室が開催されている企業の関係者が「企業の中での上下関係や業務上の関係性を教室に持ち込まないようにしたい」と言っていると言っていました。教室の中では楽しく活動しているものの、その学習者や支援者の本音は誰にもわかりません。私たちの目の前で起きていることだけではなく、周囲の環境が影響して、結果に反映しているようなことが起きているのかもしれません。このように前提を捉え直し、目の前で起きている結果だけでなく、様々な可能性を推測することがコーディネーターには必要なのかもしれません。

〇支援者との程よい関係を模索すること

また、活動を普段から客観的に見ている事務員から、公営住宅内教室の支援者の役割感が低いことに関して、プログラム・コーディネーターが事前準備をかなり行っているため、役割感が低くなっているのではないかとの意見もありました。これは、日本語教室において、教室立案と運営はプログラム・コーディネーター、当日の活動の補助は支援者というように、役割を明確に分けていることから生まれている可能性があります。しかし、この役割分担は、専門性の有無にかかわらず日本語教室に関わることができるという点に

ついてはいい点でもあります。このように支援者ともそれぞれの役割分担を大切にしながら、よりよい関係性を模索していく必要があることに気付きました。

〇学習者の多様な事情・背景に気を配ること

学習者に関しては、おおむね日常生活の全ての項目について、数値が低い傾向があることが分かりました。これは職場だけではなく、日常生活における彼らが置かれている状況が影響しているのではないかとの指摘がありました。日常生活においての自己実現などが難しい状況がある場合、それが影響している可能性があるのではないかとのことでした。

»まとめ

日本語教室の参加者が「居場所」として教室をどのように感じているかは、当然わかりにくいものです。それを可視化することのできる、この居場所感尺度からは、様々なことが分かります。一方で、それを正しく理解しないと、数値に振り回されてしまうことにつながります。この居場所感尺度を活用することを通して、学習者の様々な背景について気を配ったり、周囲の関係を見直したりすることなど重要な視点を再確認しました。このことは、この後の居場所感尺度を活用する際や事業運営において、就労する外国人に焦点を当てて居場所感尺度を活用するきっかけとなりました。今であれば、居場所感尺度の研究会メンバーに言われた「いいリソースを得た」という言葉の意味がよく分かります。それは、学習者や支援者の居場所感だけではなく、コーディネーターとしての実践を客観的に見るためのツールであり指標であるという意味だったのだと思います。

コーディネーターとしての実践は、可視化しにくいものです。この事例を通して、コーディネーターは、こうしたツールを活用して常に自身の実践を振り返らなければならないと感じました。

（北村祐人）

2 日本語教室の必要性をアピールするために——自治体に委託された教室で

»背景

　B市は、外国人の対人口比が、広島県内で2位という、外国人市民の多い市です。日本語教室はB市教育文化振興事業団が市から委嘱され、平成4年度から多文化共生社会の推進を目指して開催されています。外国人市民が社会で孤立することがないように、日本語学習支援だけではなく日本社会、地域社会に関する学習の場および、外国人市民と支援者としての受け入れ市民との情報交換の場という機能も日本語教室は併せ持ち、現在、子どものクラスも併せると4タイプの教室があります。

　2008年にリーマンショック、さらに2011年には3.11東日本大震災が起こり、B市内在住の外国人市民が減少するに伴って市内の日本語教室参加人数も減少しました。市の財政も厳しさを増し、2012年度には1クラスが減らされました。そこで日本語教室の運営費がさらに縮小されることを恐れた市担当者から、日本語教室の必要性をアピールするために、次の3点についての回答を求められました。

- 日本語学習を必要とする住民数
- 教室参加者の日本語能力向上の有無
- 地域における日本語教室の意義

　日本語教育を必要とする住民の概数を示し、教室の減少をくいとめること、日本語教室に参加すれば日本語能力が向上すること、また、教室がまちづくりに何らかの貢献をしていること、つまり、地域の受け入れ住民である日本語母語話者にとっても、日本語教室が有意義であることを何らかの方法で示さなければなりません。そこで、次のように回答することにしました。

〚日本語学習を必要とする住民数〛

　B市の外国人数は4,678人（2012年3月末）です。うち、特別永住者365人、留学生988人、技能実習生882人、学齢期の子ども70人程度です。特別永住者は、日本語が母語である人が多いと考えられ、留学生は大学や大学院が、

技能実習生は受け入れ事業所が日本語教育を行っているはずです。また、学齢期の子どもたちにはそれぞれの小中学校で日本語学習の場が与えられています。したがってこれらの人々を差し引くと、日本語教育が必要な人は2,373人と考えられます。

　2012 年に B 市が開催する地域日本語教室に参加した外国人市民は、実数で 426 人でした。つまり日本語学習が必要な外国人市民の 18％ということになります。参加学習者の中に留学生、技能実習生も含まれているため、実際には、日本語学習が必要な外国人市民の 1 割前後が参加したにすぎないでしょう。数字のみ見れば、教室は決して十分にあるわけではないことが推測できます。日本語教室を運営する者にとっては、これら日本語学習から取り残されている多くの外国人市民にどのように日本語教室への参加を呼び掛けるかは大きな課題です。

〚教室参加者の日本語能力向上の有無〛

　地域教室には、仕事の都合や家庭の事情で定期的に参加できない人もいます。また、テストをすると学習者に知らせた途端、参加者が減ったということもありました。「学習者は、学問や仕事をしながら日本語を学習する人々が主流。教室参加自体に、彼らの日本語学習への意欲を見るべきだ」という意見もありました。このようなことから定期的なテストは行わず、教室開始直後及び終了直前にアンケート調査を実施し、日本語使用状況について数値化し、結果をグラフに視覚化して示すことにしました。教室に参加する学習者が流動的なのでかなり大まかですが、日常生活で学習した日本語を使うことができたと述べる学習者が多く、教室への参加が日本語能力向上につながることをある程度示すことができたと考えました。

〚地域における日本語教室の意義〛

　日本語教室は学習者にとっては地域に開かれた窓であり、受け入れ住民の居場所としても機能していることをどのように客観的に示すかは、大きな課題でした。このようなことを測る方法があればそれを試してみたいと考えていたところ、居場所感調査というものがあると知り、それを行ってみることにしました。

≫ 居場所感調査の結果

〖調査概要〗

この調査は 2013 年 11 月第 2 週、第 3 週の教室開催時に行いました。

実施した教室は a と b の 2 タイプ 11 教室です。a タイプは日本語教師が指導し支援者がサポートする 8 教室、b タイプは支援者と学習者とが小グループをつくり日本語で交流する 3 教室です。

調査対象人数は 100 人でした。うち支援者は 26 人（a タイプ 12 人、b タイプ 14 人）で、学習者 74 人（a タイプ 58 人、b タイプ 16 人）でした。

〖集計結果〗

教室の活動条件が異なるため、日本語教師が指導する a タイプと交流型 b タイプに分けて結果を示しました。

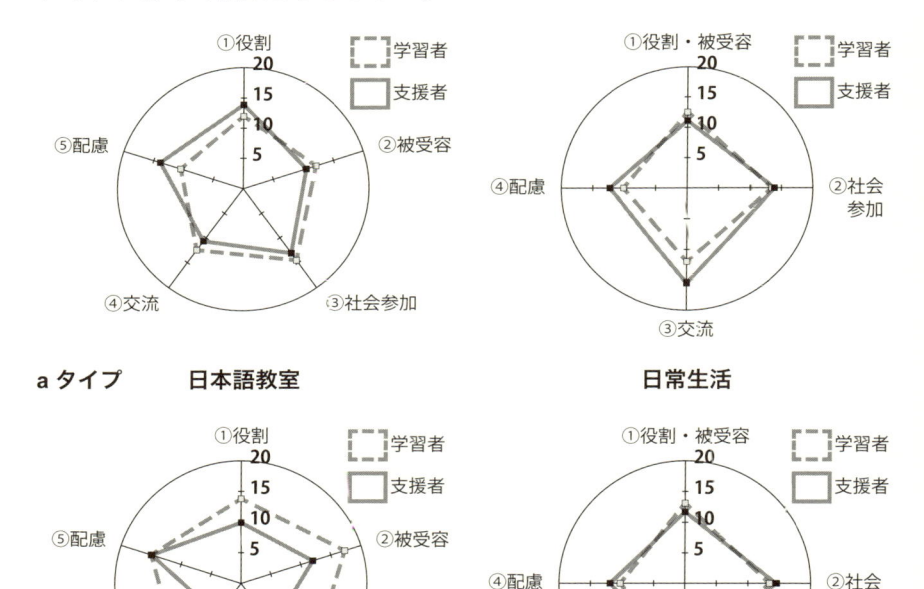

<table>
<tr><td>a タイプ</td><td>b タイプ</td></tr>
</table>

»調査結果の読み解き

〖日本語教室〗

　学習者の居場所感を見ると、コーディネーターが運営の責任を持ち、支援者が学習者と日本語で交流をする b タイプの方が、教師が教え、支援者がサポートする a タイプより居場所感が高くなっています。一方、支援者は a タイプの方が居場所感が高い結果となりました。

　a タイプの場合、学習者も支援者もすべての項目で、その数値が平均値より高くなっています。ただ、細かくみると、学習者は「配慮」の数値が低く、「役割」「被受容」も比較的低いようです。また支援者も「被受容」が低く、ついで「交流」も低くなっています。教室の開催時間が 2 時間 ×15 回なので、親しくなる前にクラスが終了してしまうことが、一因かもしれません。

　b タイプでは、学習者の居場所感が高く、それに比べて支援者の居場所感は、「配慮」を除いて低いことが見て取れます。b タイプでは、明示的な指導項目があるわけではなく、与えられたテーマに沿って学習者から話を聞き出し、話題を広げていかなければならないという支援者の役割が、居場所感を低くしている原因でしょうか。

　学習者の居場所感は、b タイプの方が a タイプより高くなっています。

　a タイプでは日本語の基礎力をつけることが目的なので、講師があらかじめ決められたカリキュラムに沿って授業を行います。ですから学習者が必要ないと感じている内容でも勉強しなければなりません。また、学習者は、自

由に自分の考えを知らせるだけの日本語力が身についていないため、日本語を話すことだけで緊張し、高い居場所感を感じにくいのかもしれません。bタイプでは、学習者は身の回りのことならある程度日本語で話せる人が多いため、コーディネーターに話題を与えられてはいますが、時にはその話題から離れて自分の興味に従って支援者と話ができます。中には、支援者に嫁姑関係や子どもの育て方、日本料理のつくり方、旅行のための情報、会社での人間関係の難しさなど、ありとあらゆることを相談していく学習者もいます。bタイプでは話したいことを話すことができ、日本語を間違えても、支援者が一生懸命聞いてくれるという安心感を学習者に与えているのではないでしょうか。

　支援者の居場所感は、bタイプのほうがaタイプにくらべ低いことが観察できます。

　aタイプの支援者は、教師の指示に従って学習者をサポートします。サポートの内容がはっきりしているので、学習者の役に立っていると感じやすいのではないでしょうか。一方、bタイプの支援者は、「配慮」、「被受容」以外はすべて平均値より低い数値で、特に「交流」が低くなっています。これまでB市で行った支援者講習会では、日本語サポートの基本は「相手の話を聞くこと」であると強調してきました。学習者が話すプライベートなことにも耳を傾ける姿勢は、支援者の中に浸透してきていますが、支援者自身が安心していられる場としての機能が薄いということなのでしょうか。このタイプの活動では、話すきっかけをつくったり、話題を展開したりして学習者をリードすることが多いので、支援者の責任が重く、「これでいいのだろうか」といつも自問するような不安を抱えているのかもしれません。

　aタイプ、bタイプを問わず、学習者は「社会参加」の数値が高くなっています。このことは、日本語教室が外国人市民を地域社会につなぐ役割を担っていることを意味すると思われます。また、aタイプの支援者においても「社会参加」の数値は比較的高く、日本語を母語とする人たちの中にも「日本語教室に参加することが社会参加につながる」と考えている人がいるのではないでしょうか。

〖日常生活〗

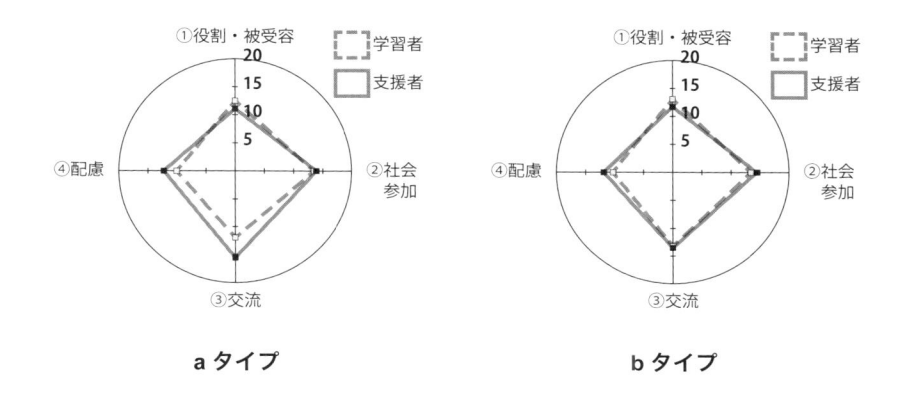

a タイプ　　　　　　　**b タイプ**

　学習者は、すべての項目で、平均値より高くなっており、特に「社会参加」が a タイプ、b タイプとも高くなっています。大変興味深いことに、この数値はボランティアの数値と大きな差がありません。どちらの学習者も「交流」「配慮」の数値は支援者より低いのですが、「役割・被受容」については学習者の方が支援者より高くなっています。日本語教室に参加している外国人市民は、学習した日本語能力を駆使して、行政サービスを受けたり、地域のイベントに参加したりすることができるということなのでしょうか。ひょっとすると学習者の数値の高さは、B 市の外国人施策のおかげかもしれません。

〖予想外の結果〗

　日本語能力が高い学習者は、教室や地域での居場所感も高いと思っていましたが、必ずしもそうではありませんでした。日本語能力が高いのに、居場所感が低い学習者もいました。支援者や教師は、日本語レベルが低い学習者が理解しているかどうかを常に気にかけているのではないでしょうか。でも、日本語能力の高い学習者に対しては、そのような注意を払っているでしょうか。このような学習者は、支援者や教師からあまり声をかけてもらえず、疎外感を味わっているのかもしれません。

　また、支援者の中に「日常生活」において居場所感が低い人がいました。

この調査の後で行った支援者との振り返りで、居場所感の低い支援者たちは、B市に新しく引っ越してきた人たちだということが分かりました。地域に不慣れな人は日本語母語話者であっても、外国人市民と同じ様に居場所感が乏しいのです。これは母語が何であっても、日本語教室が地域になじみが薄い人たちの居場所となる可能性があることを示しています。

» 調査実施後の振り返り

〚アンケート結果を基にした活動の振り返り〛

居場所感調査の目的は、調査結果をもとに教室参加者が全員で振り返りを行って、様々な問題を話し合い、さらに居心地の良い教室にすることにあります。そこでaタイプbタイプの各教室で、私と教師、支援者とで振り返りを行いました。学習者を交えてできればよかったのですが、入門クラスや初級のクラスでは複雑な内容の意見交換が難しく、学習者を交えた振り返りは断念しました。ここでは、教師、支援者と共有できた二つのことについて述べたいと思います。

一つは、意見交換会の必要性です。調査前に、学習者より支援者のほうが居場所感を得られやすいと予想しましたが、bタイプではその反対の結果となりました。学習者は、支援者に比べれば短期間の活動なので、教室活動が新鮮に感じられ、好感をもってアンケートに回答する傾向があるように思います。一方、支援者からは、「途中でどう話していいか困り、中断してしまうことがある。話が途切れると相手に悪いと思う」「日本語が上手な人と話すときはかえって気を遣う。相手の求めていることに応えられているか不安になる」という意見が出ました。また「教室に居心地の悪さを感じているわけではない。長く活動を続けているとそれが日常となり、特別な居心地の良し悪しを考えずに活動しているからなのではないか」「マンネリになっているのかも」という声もありました。

振り返りを行ったことで、支援者同士が不安な気持ちを出し合い、それまで気付かなかった課題を見つけることができました。そして、日ごろの手探り状態を少し緩和することができたのか、「これからもこのような会をもったほうがいい」という意見も出ました。コーディネーター、教師、支援者と

いうそれぞれの立場から意見を出し合うことによって初めて課題が見えたのです。今後もこのような振り返りを定期的に行わなければならないと強く感じました。

　もう一つは、一人ひとりの学習者への声かけの重要性です。調査結果から、日本語能力が高くても居場所感が低い学習者がいることが分かりました。そこで「日本語がよくできる学習者を放っておくことがあるのではないか。」と教師、支援者に問いかけたところ、「よくできる人には、特別な声掛けをしなくても大丈夫だと思っていた」という返事が返ってきました。支援者たちは、日本語能力の高い学習者の居場所感の低さの原因を考えることで、日本語能力の高低にかかわらず、学習者一人ひとりへのきめ細かい対応の必要性を認識しました。

〖居場所感調査結果の活用：市への回答〗

　この調査結果をもとに、市の担当者に次のような日本語教室の意義を説明することができました。

- ・外国人市民は教室での居場所感が高い傾向があります。このことから、日本語教室が外国人市民の居場所として機能していることが分かります。
- ・日本語教室に参加している外国人市民は、頻繁に支援者と交流することを通して、日本語での会話にも慣れ、地域にも入りやすくなります。
- ・日本語が母語であっても地域に不慣れな人には日本語教室が地域での居場所となります。
- ・外国人市民にも受け入れ市民である支援者にも、日本語教室に参加することが、社会参加をしているとの意識につながります。

　以上のようなことから日本語教室は、そこに住んでいる人たちが顔見知りを増やし、地域に入りやすくする活動であるというまちづくりの基本的な役割を担っていることがわかります。

» 居場所感調査からわかったこと

〖わかったこと〗

　①地域づくりとしての日本語教室

　学習者が日本語教室に来ることで地域社会に入りやすくなり、社会参加に

つながることが示されました。また、日本語を母語としている人たちにも教室活動が社会参加と認識されていること、地域に不慣れな人たちにとっては、日本語教室が地域につながる場所になっていることも示されました。このようにみると日本語教室の活動は、まちづくりにつながっていくのではないでしょうか。

②教室活動の振り返りの重要性

調査結果をもとに、教室の状況を教師や支援者と共に振り返ることで、学習者への見方が深まりました。たとえば、日本語能力が高いにもかかわらず居場所感が高いとは言えない学習者の存在と、その対応について考えることができました。また、私のようなコーディネーターにとっては、教師、支援者の教室活動への思いを理解する場になりました。この調査は、活動のマンネリを防ぎ、課題を目に見えるものにするための道具として有効であることがわかりました。

〚課題〛

この調査結果を使って日本語教室の意義について市担当者を納得させることができました。でも、そのあと常に向上を目指す担当者は、次のように私に告げたのです。「教室をより良いものにするために、これからこの数値をさらに高くしていくということですよね」…ああ…。行政はさらに高い数値目標を求めてきます。

居場所感調査は「数値は目標として掲げるものではなく、現在の教室活動の状況を振り返る際に利用できるもの」であり、「どのように協働的な居場所となっていくかというプロセスに関わっていく道具であり、実践現場に還元させるもの」です。

まず、この居場所感調査が単なる数値目標設定のための調査ではないことを市の担当者にわかってもらわなければなりません。そして、調査結果をもとに参加者全員で活動を見直し、日本語教室を参加者全員にとって居心地のよいものにすること。その上で、参加者たちが教室活動にとどまらず、自分自身の力を発揮できる具体的な活動に向かっていくことを後押しすること。このようなことが今後の私の活動の課題だと思います。

» まとめ

　この調査により学習者や支援者の心理的側面を数値化できたことで、日本語教室が、日本語能力向上のためだけの活動の場ではなく、地域住民の社会参加の場として意識されていることがわかりました。さらに、振り返りにより、日本語を母語とする人を含め地域になじみの薄い人たちにとって、日本語教室が地域に関わりを持つための居場所になるということも確認できました。このように日本語教室が地域づくりの一つの場として機能する可能性が高いことを市担当者に客観的に示すことができました。市担当者によれば、財政担当者へ日本語教室の意義についての説明の際に、この調査結果を使用したということです。その後、教室数は減少していません。

　今後も居場所感調査を定期的に行い、その結果をコーディネーター、支援者、できれば学習者で共有し教室活動を見直すこと、さらにコーディネーターとして活動をどう改善していくのかを考えるための手立てとしていきたいと思います。また、市担当者とも調査結果を共有し、市行政関係者の日本語教室への理解を促していきたいと思います。

（間瀬尹久）

❸ 活動の課題を見つけるために──夜間開講の教室で──

》はじめに

　都心に程近い C 市は全国平均と同程度の 1.6%（2015 年）の外国人人口を持ち、1990 年代に各地の外国人人口が増えてきた頃に、市民の手で日本語ボランティア教室活動が始まりました。自治体が直接日本語講座を開催したこともありましたが、ニーズが合わなかったためか、レベル差に対応できなかったためか、開講時の人数が途中で半減したり、少人数の参加にとどまるという状況が続きました。多様な参加者のニーズに応えるには市民ボランティアの力が必要だと考え、自治体は日本語ボランティアの養成講座を始め、すでにあるボランティア教室のスタッフ増強や新たなボランティア教室のスタートを後押ししました。当時の講座内容は、日本語の文法知識や教え方を学ぶことが中心でした。

　筆者は、1993 年にこの地域で、仲間たちと共に土曜日のボランティア日本語教室を立ち上げました。同時に、子育て中の外国人がベビーカーを押して参加でき、地域の人とつながる場所が市内各地にできればよいと考えていたので、市民によるボランティア教室設立の動きに協力してきました。日本語ボランティア連絡会を立ち上げ、自治体と協力して養成講座を展開し、教室設立時には開催曜日や場所が重ならないよう調整してきました。多くの方の協力により、現在は、市内に子どもに特化した教室を含む 11 の日本語ボランティア教室が月曜日から土曜日まで開かれており、公民館主催で子育て中の母親を対象とした保育付き講座もあり、日本語に不慣れな人は毎日どこかに参加できる状況になっています。

　長年の協力体制で育んだ信頼感と現場の声を受けて、自治体主催のボランティア養成講座の内容も、日本語の教え方から筆者が多文化共生型と呼んでいる内容にシフトしてきました。それは、日本語でのコミュニケーションを通じて共に学びあい、教室を居場所とし、ひいては住みやすい地域づくりを目指す活動ができるような教室を構想したものです。日本語母語話者には日本語を外国語として見る視点も必要なので、その点はフォローアップ講座で

扱うようにしてきました。

　今回報告するのは、教室の設立理念や、上記のように養成講座内容も「居場所」を意識したものであるにもかかわらず、居場所感アンケートに気になる点が見えたことから、アクションを起こし、再度アンケート調査を実施したN教室の事例です。

　なお、筆者は、この地域の養成講座やフォローアップ講座を自治体と協力して企画運営したり、教室同士の連携を図ったりするコーディネーター的な役割をボランティアとして担当しています。居場所感アンケートでは、分かりやすいように、学習者、支援者という言葉を使っている関係から、この事例報告でもその言葉を使用します。

» 2012 年度の調査結果とその後のアクション

　この地域の各教室には、20 年以上のベテランボランティアや自治体主催の講座を経ないで参加する支援者もいますが、どの教室も、日本語学習とイベントなどを通じて人と人の関係づくりを重視し、学習者にとっても支援者にとっても居場所になっているように見受けられます。

　地域日本語教室に「居場所」の視点が重要だと考えているとき、筆者は同じ考えを持つ仲間に出会い「居場所感アンケート」の開発に関わりました。開発の過程で、この地域の各教室の協力によりデータ補強の貢献をすることができましたが、N教室の調査結果が気になりました。

　まず、学習者の結果を見ると、日常生活での居場所感が極端に低く（図1）、教室での居場所感が高くなっています（図2）。夜の教室であるために、学習者も支援者も職場や家庭から駆け足で集まってくるそうですが、学習者にとって、教室が日常生活では感じられない居場所になっていることからこの教室の存在意義は大きいと思われます。ただ、役割感が非常に低く出たのは、支援者がお膳立てしすぎているのかもしれません。

　一方、支援者ですが、日常生活の居場所感は高く（図1）、比較的安定した状況と気持ちを持つ方々が活動に参加しているようです。教室の居場所感を見ると、交流と配慮の項目が少し内側にぶれています（図2）。その教室の設立理念は、日本語を教えることではなく「日本語で交流すること」で、

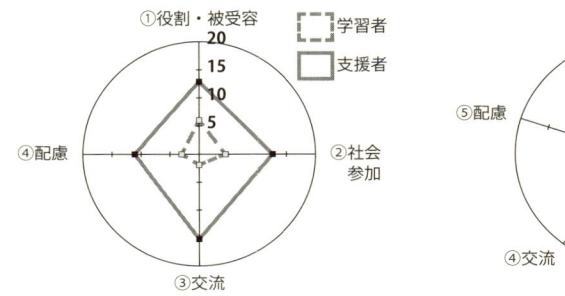

図1　日常生活　　　　　　　図2　日本語教室

　たまに遊びに行っても、楽しいイベントやお茶会などがあり、おしゃべりと笑い声がはじける教室なのに、何が原因なのか気になったので、支援者の話を聞いてみました。

　夜7時から9時までの活動で、都心から仕事を終えて駆けつける人、家庭の主婦で夕食の準備をしてから来る人など、時間に追われ活動に参加することが精いっぱいで、教室以外でゆっくりお茶や食事を楽しんでおしゃべりしたり、別のイベントを企画することが難しいので、交流因子が低く出ているのではないかとのことでした。現状では、会の特徴としてある程度仕方がないという受け止め方でした。ただ、配慮因子が低く出たことに関しては、スタッフ不足で慌ただしい活動になりがちで、互いを思いやる気持ちの余裕がないせいだと思うので、何とか改善したいという意見でした。

　この地域では、毎年5月〜7月に連続8回程度の養成講座を自治体が開講していますが、自治体職員の勤務時間などへの配慮から、講座は日中の時間帯に行われてきました。2012年時点でこの地域にある11の日本語教室のうち、夜活動しているのは2教室で、いずれもスタッフ不足に悩んでおり、特に今回の調査結果が出たN教室が厳しい状況にありました。そこで、この調査結果も示しながら夜の養成講座開講を自治体と協議し、2013年5月から、午後7時〜9時の時間帯に連続8回の養成講座を開講しました。初めての夜間開講で、自治体職員には受講者が集まらないのではないかと不安

があったそうですが、42 人の受講者が熱心に参加するようすを見て新たな市民ニーズがつかめたという感想が出てきました。受講者は、仕事や諸活動で日中の受講が叶わなかった人たちで世代も様々でした。

　講座の後半では、教室見学や体験があり、受講者たちは、各教室のスタッフ必要度、活動場所や時間を考慮しながら活動に入っていきました。N 教室にも 8 人が入会し、そのうち 7 人は活動を始めて 2 年経った時点でも活動中でした。

» 2015 年 2 月の調査の目的と結果

　ボランティアスタッフ増強のために夜の講座を実施し、新たな支援者が活動し始めてから 1 年半がたち、N 教室の居場所感はどう変化したかを知りたいと思い、2015 年 2 月に、再度 N 教室の協力を得て居場所感アンケート調査を実施しました。調査時点では、実働している支援者数 13 人、学習者 20 人でしたが、アンケート調査当日の欠席が多かったことと、15 歳以下の年少者を除いたことから、回収数は支援者 9（有効 9）、学習者 9（有効 6）でした。結果は図 3 〜 4 の通りです。

　次に、学習者と支援者それぞれの居場所感を比較してみました。学習者は日常生活で、少し差別を感じながらも、社会の中で役割を果たし社会参加もできていると感じていますが（図 3）、教室では差別を感じることなく高い居場所感を感じています（図 4）。一方支援者は、日常生活の居場所感は

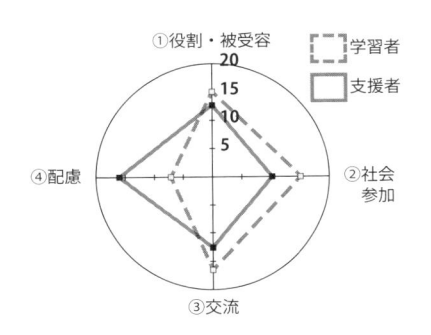

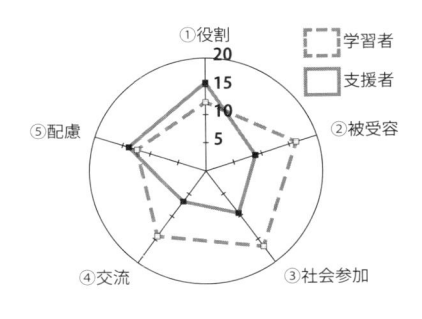

図 3　日常生活　　　　　　　　**図 4　日本語教室**

ある程度高く（図3）、また教室では役割を果たしていると感じていますが、交流因子は低くなっています（図4）。

N教室で長年コーディネーター的に動いているYさんと一緒に結果を読み解いてみました。2012年の調査では支援者の交流因子や配慮因子が低かったので、毎回学習後の10分間ミーティングと教室活動を休む第5週目のロングミーティングを大切にしたということでした。また、年に2回ぐらいロングミーティング後に食事会を開いたことで、互いの状況が分かり配慮し合える関係がつくれてきたのではないかとのことでした。さらに、週末のお出かけなどの企画を実施すれば、非日常感覚で日頃できない話ができたり、行き帰りの移動時間での自由なおしゃべりがいい関係をつくるきっかけになるのではないかという話でした。

学習者の日常生活における居場所感の2015年グラフを2012年と比較すると、非常に大きく広がっており、筆者は、仕事の有無が原因ではないかと思ったので尋ねてみました。たしかにそういう面は否定できないけれど、支援者も学習者も半数は入れ替わっているので、以前仕事がなかった人たちが仕事を見つけたということではないとのことでした。

» まとめ

居場所感アンケートは、教室という場の「いま」の状況を表すもので、その場を構成する人やコーディネーターが活動内容と照らし合わせながら結果を読み解き、活動の改善に活かすために開発されました。同時に、居場所感が可視化されるので、関係者以外に状況を説明するための資料としても使えます。

2012年の調査に関しては、筆者が夜の養成講座開講を自治体に働きかけ、支援者の増強を図るための資料として使いました。2013年の講座開講により支援者が増えましたが、新しい支援者たちを迎えたN教室の活動が落ち着いた1年半後という時期に、再調査を実施することでその場の居場所感の変化を見たいと思いました。再調査では、2012年の調査から改善を意識して活動してきた教室の居場所感は期待した方向に変化していました。地域日本語教室は規模が小さいところが多く、常に同じ参加者が定期的に参加し

ているとは言えず、単純に変化を見るのは難しい面もありますが、教室や参加者をよく見て必要な活動を上手に取り入れていくコーディネーターがいれば、場は変化していき、その変化はアンケート結果に表れてきます。

　2015 年調査の教室の居場所感は、支援者の交流因子以外は平均以上の結果が出たことから、新たに参加した支援者や学習者がきちんと受け入れられていることを示しているのではないかと思いました。参加者が入れ替わっても、Y さんのようなその場の理念を体現させる活動をコーディネートする人がいれば、場は継続し、居場所感アンケート結果は調査時点の状況を示す、すなわち、仕事の有無など構成メンバーたちの個々の状況で場が変化するのではなく、共に活動する場の理念が共有されることにより場は継続し、積極的な働きかけにより場は変化するのだと思います。

　Y さんは、時間がない中での居場所感アンケート調査はかなり負担であるが、調査の意義は理解でき、外部にも内部にもアクションを起こすきっかけになると言います。ただ、質問文の分かりにくさや不自然さをもう少し改善してほしいという辛口意見も出ました。その上で、貴重なコメントもありました。教室の居場所感には、その地域の他の教室との良好な関係が影響するというのです。この地域では活動中のボランティア対象のフォローアップ講座が週日の昼間の時間帯に開かれていますが、夜の教室の支援者の多くは仕事の都合などでその時間帯のフォローアップ講座には参加できません。しかし、週末なら時間が取れるということで、ベテランの多い土曜日開講の別のボランティア教室活動に参加することでフォローアップ講座を受講したと同じような効果が得られ、肩の力の抜けた活動になっていくのだそうです。また、学習者が複数の教室に参加していてもそれを堂々と言えるのはリラックスできる環境づくりに役立つのだそうです。というのは、地域によっては複数の教室が競い合う関係にあり、他の教室のことは話せないこともあるということでした。さらに、複数の教室が協力してイベントを開き教室活動を社会参加につないでいることは、教室の活動改善につながり、学習者の社会参加感を高めていると語ってくれました。

　今回、N 教室は居場所感アンケート開発過程から 2 回の調査に協力し、

自治体主催の夜の講座開講を働きかけたり、活動内容を見直すというアクションを起こしました。地域日本語教室は担い手や活動の硬直化が課題になっているところもあるようです。他地域でも居場所感アンケートを活用して、教室参加者が話し合い、その場の活動を振り返り、必要であれば内外のアクションを起こすきっかけにして頂ければ幸いです。

（山辺真理子）

❹ 支援者の役割意識に変容を起こすために ── 大学生ボランティアが活動する教室で──

» はじめに

　本事例の実践場所となった D 市は、人口約 17 万人の地方都市です。市内には工業団地があり、そこで働く工場労働者の外国人市民が多く在住する地域です。約 30 年前に、筆者が勤める女子短期大学の学生たちが地域の外国人家庭の子ども達への日本語・教科支援ボランティアを始めました。当時は、インドシナ出身の難民家庭が多く、ボランティア学生（以下、支援者）たちが 2、3 人のグループで、それらの家庭を訪問する活動をしていました。評判を聞きつけた近隣地域の外国人家庭からの要請もあり、活動は年間 150 家庭を支援するほどに広がりました。しかしながら、支援者の移動時間が長くなりすぎるなどの問題が起き、現在では、家庭を訪問する活動から、D 市内 3 箇所で週 1 回の地域日本語教室を開くスタイルに変わりました。教室に参加する学習者は、活動発足当時に多かったインドシナ出身家庭の幼い子どもたちから、日系ペルー人や日系ブラジル人家庭の小学生から高校生の子どもたちとその保護者へと変化しています。

　筆者は、地域日本語教室へと活動が変化したときに設立されたサービスラーニングセンター所属の多文化コーディネーターとして、大学生を対象とした養成講座の開催などのボランティア教育、相談を受けるなどの活動支援、地域日本語教室の運営と管理、また地域との連絡窓口などの業務をしています。学習者の家庭を訪問して活動していた時代は、支援者は保護者から直接、

子どもに関する様々な情報を得ることができました。保護者からは毎回感謝され、文化交流も家庭内で自然な形でできていましたので、大変やりがいがあったと聞きます。

　しかし、そのスタイルが地域日本語教室という形に集約され、支援者と子どもが中心の活動になったため、家庭との関係が遠くなるとともに子どもに関する情報を保護者から聞きにくくなりました。保護者が子どもを教室に送り迎えできない場合も多く、教室に欠席する子どもも出るようになりました。保護者も子どもと一緒に教室に参加し学習や交流することができますが、参加する保護者はさほど多くありません。

　教室活動は事前マッチングによるマンツーマンで行いますが、支援者が休むと、事情を知らずに教室へやってきた子どもが一人きりになってしまうことも出てきました。そのようなとき手の空いている支援者と一人になってしまった子どもをマッチングしますが、休んだ支援者がまた活動に戻ってきたときに、すでに新しい支援者に子どもが馴染んでいて、休んでいた支援者がさびしい思いをすることもありました。また、なかなか言うことを聞いてくれない子どもにてこずったり、日本語や教科の教え方が分からず支援者が不安を感じるなどの問題が表面化しました。

　教室という場所に、多くの支援者と学習者が集まっているのですから、その場の人間関係を豊かにして、先ずは支援者が互いに補いあえる関係をつくりたいと思いました。ちょうど、そのようなときに居場所感アンケートの初期版ができあがり、支援者が自分の役割についてどのように感じているのか、そして数は少ないものの教室に参加している保護者（学習者）が、教室をどのように感じているのか知りたいと考え、使ってみることにしました。もちろん子どもたちの気持ちを知りたかったのですが、本尺度は、子どもを対象としてつくられていませんので、支援者と保護者（以下、学習者）を対象に実施しました。

　この調査結果から見えた課題の解決へ向けて、教室が一つのコミュニティーとして機能するよう、参加者すべてにとっての居場所となるよう取り組みを続けました。調査は 2011 年、2012 年、2015 年と 3 回実施しました。

それらの結果について以下で報告したいと思います。

» 第1回調査（2011年）の結果：支援者の安心感が日本語教室において低い

　2011年11月に実施した第1回調査では支援者38名、学習者10名から回答を得ることができました。教室は、地域に在住する外国につながる子ども達への日本語・教科支援を目的としていますが、その保護者や下の子の幼児も受け入れています。教室活動全体の支援者数は約130名、学習者数は約70名で、その内10名前後が保護者です。図1と図2は、支援者と学習者の日本語教室と日常生活における居場所感について表したものです。

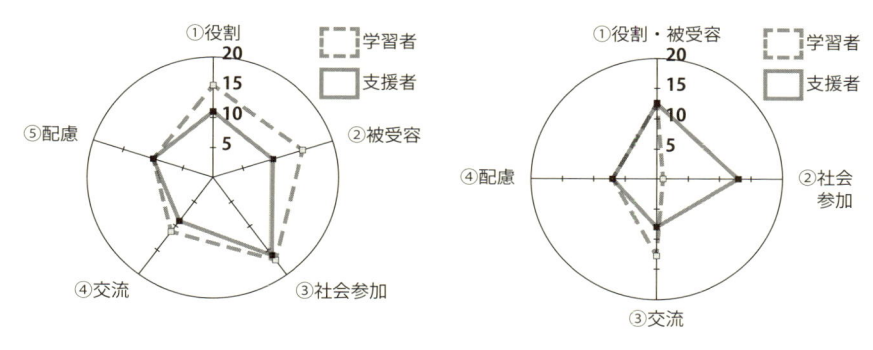

図1　日本語教室　　　　　**図2　日常生活**

　学習者は日常生活での居場所感よりも日本語教室での居場所感が高く、特に日本語教室では社会参加感が高くなっていることが分かりました。学習者は、日本人と一緒に工場で働いたり、子どもを公立小学校へ通わせている人たちで、日本語力がゼロというわけではありません。しかしながら、会社や学校などからもらう書類を読むことができない、思ったことが自由に話せないからとの理由で教室へ参加しています。一方、支援者は20歳前後の学生ボランティアなので、日本語教育能力も一般的な社会知識や経験もないため、学習者からの質問に答えられないことが多く、「自分に役に立っているのだろうか」と心配していました。この心配が教室における支援者の居場所感を低くしていると考えられました。支援者が日本語教室での役割感を得られれ

ば、居場所感も高くなるのではないかと考えました。そこで調査結果から分かった日本語教室における学習者の居場所感の高さ、特に日常生活ではほとんど感じられていない社会参加感が日本語教室において得られていることを支援者に伝えることによって、支援者をエンパワーしていくことにしました。

» 支援者の役割意識変容へ向けての取り組み

　支援者にアンケート結果をフィードバックし、当事者間で話し合うことが望ましいのですが、本実践の場が短大ということもあり、アンケートに答えてくれた支援者のほとんどは、アンケート結果が出た頃には卒業を控え、活動から離れてしまっていて、支援者間での話し合いは十分にはできませんでした。そこで、「日本語や教科がきちんと教えられない自分に自信が持てない」という支援者の多くが持つ役割感の不足を解消するため、翌年の新ボランティアをターゲットに養成講座やブラッシュアップ講座をはじめとするイベントを通じ、居場所感アンケートの調査結果について報告しました。支援者と教室で会話できることを学習者は「日本社会への参加」と捉えていることを伝えていきました。これにより教える力ばかりではなく、支援者が学習者に寄り添うことの大切さが理解されたと思われます。

» 第 2 回調査（2012 年）の結果：1 年間の取り組み後

　2012 年 12 月に第 2 回居場所感調査を実施しました。第 1 回調査の結果を受けて、支援者の役割感を高めるための取り組みをしてきましたが、1 年

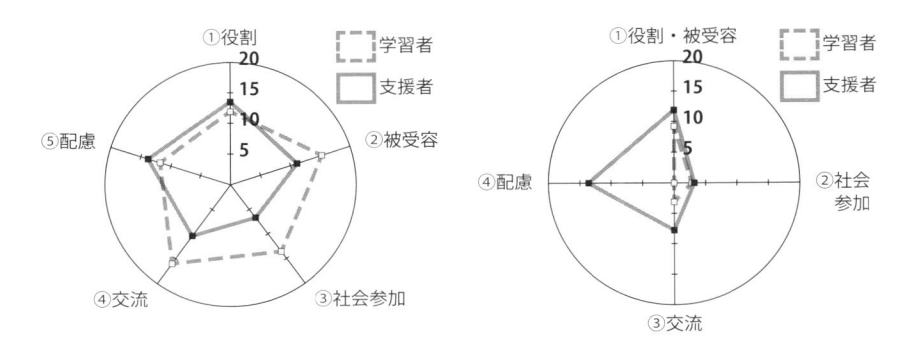

図 3　日本語教室　　　　　　　　図 4　日常生活

後の教室のようすがどうなっているのか、確認することが目的でした。学習者 6 名、支援者 55 名から回答を得ました。

　2011 年と比較して、日本語教室における支援者の居場所感（図 3）は、社会参加の値が低いものの、ほかの 4 因子については高くなりました。特に役割、被受容、配慮が高くなりました。支援者の役割に関する意識が、日本語教育や教科学習から学習者の居場所感を受け止めることに広がったことによって、支援者の役割感が高くなったのではないでしょうか。

»支援者による活動の振り返り：個人が感じたこと

　毎年 1 月、支援者にその年の活動を振り返る文を提出してもらい、次年度の活動内容の改善に活用しています。居場所感アンケートの結果を支援者に伝えつづけた 1 年後に、個々の支援者の役割感にどのような変化があったのか、支援者の振り返り文から見ます。

　支援者 Y は、「上手く教えられない」という課題を持っていました。「はじめの頃は、私がただ子供の分からないところを一方的に教えているだけで、なかなか心を開いてもらえなかったのです」と振り返っていましたが、「何回も接していくうちに学校での出来事なども話してくれるようになりました。…そんなある日、帰り際に『教えてくれてありがとう』とボソッと言って帰って行きました。私は一瞬自分の耳を疑いました。…自分は嫌われているのではないかと考えたこともあったので、この言葉を言われた時は本当に嬉しかったです」と書いています。支援者からの働きかけに学習者が反応してくれて、支援者の役割感が高まったことが伝わってきました。

　支援者 Z は、自身が外国につながるボランティア学生です。「私は彼とポルトガル語でいつも話しています。…日本語の教育としてこれで大丈夫なのかなと悩んでいましたが、私は今はこれで良かったと思います。…いじめられても、学校が楽しくなくてもちゃんと学校に頑張って行く彼がとてもすごいです。私が日本へ来たばかりの時は、イジメにはあっていなくても、あんなに苦しくって週 1 回しかない国際教室が天国だったので、彼がどんなに今大変かわかります。…私の経験もいろいろ話し、頑張ってあきらめなければ変わっていくことを彼と話しました。…私は勉強を教え

ることは苦手でできないから何もしてあげられないと、とても不安でしたが、今では私は彼の味方の一人になれると思うようになりました。高校や大学の楽しかった事などをはなして、彼にそこへ進みたいと思わせてあげたいです」。教えることへのこだわりが邪魔し、共通の言語を使うことに戸惑いがあったものの、ポルトガル語使用が学習者の心の思いを聞くことにつながり、学習者の社会参加を後押ししてあげたいと考えるようになりました。支援者の役割意識への変容が読み取れます。

» 第3回調査（2015年）の結果

　2011年の調査は、1年後には支援者の役割感を高めることにつながりましたが、2012年の第2回調査から2年経ち、当時の支援者は大学を卒業し、新しい支援者に入れ替りました。その一方で、学習者はほぼ同じ人たちが教室に参加し続けています。支援者は、自分たちで工夫して活動を進めているようすが見られるようになり、支援者の発案によるイベントの開催も行われるようになってきました。そこで、現在の教室のようすを知るために居場所感アンケートをまた使ってみることにしました。前回とは異なり、新ボランティアが活動に入り始めた6月に実施しました。学習者4名、支援者33名からアンケートを回収しました。この内、前年度より活動を継続している支援者が23名、調査時の6月から活動を始めた新一年生のボランティアは4

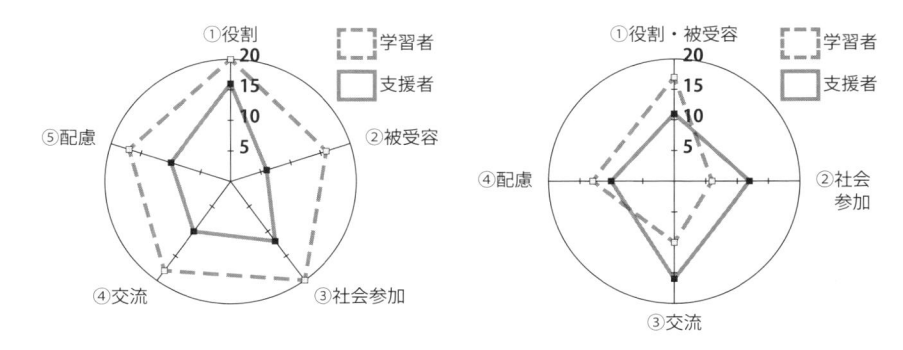

図5　日本語教室　　　　　　　**図6　日常生活**

名でした。

　日本語教室における居場所感（図5）を見ると、2011年、2012年の調査と同様に学習者のレーダーグラフが支援者のそれより大きく広がっています。調査対象者が少なく、何年も続けて教室に参加している方たちなので、単純に支援者グラフと比較することはできないかと思います。支援者の役割感は高く出ており、2011年のときのように「日本語を教えなければ／教科を教えなければ」といった限定した役割感に変化が生じたと考えられます。過去2回の居場所感調査から見えた教室における学習者の社会参加感の高さについて支援者に伝え続け、日本育ちの学生たちの経験談を聞く機会を設けたことなどから、支援者は自分なりの役割を意識できるようになったのでしょう。学習者も役割感、配慮の項目が外側へ広がり、グラフ全体の形が学習者・支援者共に2012年のものに比べてバランスがとれています。

»まとめ

　日本語教室への参加を学習者と支援者双方がどのように捉えているのかを、「多文化型居場所感尺度」を使って把握し、視覚化された情報をもとに結果のフィードバックや改善への取り組みを行いました。2011年、2012年、2015年の3回の調査後の取り組みから残った課題は、日本語教室での支援者の被受容感および学習者の日常生活における社会参加感にそれほど変化がなかったことです。支援者に関しては、教室での被受容感に配慮した取り組みをしていく必要があると考えています。学習者の日常生活における社会参加感に関しては、これを高めることは、多文化共生社会づくりの基本でもあると思います。どのようなことが考えられるのか、私たちにできることはどのようなことか、ぜひ支援者や学習者と共に考えていきたいと思います。

　居場所感調査は、教室について様々な情報を与えてくれるだけではなく、調査結果を他者と共有し、共に改善を考えるきっかけとなります。またコーディネーターが目指す方向性を他の関係者も理解しやすくなり、それがいわゆる「教室文化」を変容させたり、また人が入れ替わっても保持していく原動力となったと感じています。日々の活動は忙しく、調査と改善のための時間を計画的に取り入れることは難しいでしょう。また、はっきりとした成果

も見えにくいかもしれません。しかし、とにかく「やってみれば」何かが見えてくると思います。筆者のように時間がかかっても、小さな取り組みを続ければ、意外な効果が表れるのではないでしょうか。

（河北祐子）

5 居場所と居場所感尺度への理解を促すために —— 教室関係者の研修の場で ——

» はじめに

　地域日本語教室を多文化共生の最前線と捉え，2002 年からその活動のあり方を複数の実践者と研究者からなるグループで検討し、「地域日本語ボランティア養成プログラム」の開発を進めてきました。実際には、多文化共生を目指す各地の自治体と協働し、ボランティア志望の市民対象講座を開いてきたのですが、その後、2007 年から 2011 年まで東京外国語大学多言語・多文化協働実践研究の一環として、地域や分野を横断する形でさらに研究が広がりました。

　その成果をもとに，地域日本語教室に「居場所」の視点が必要であること、および日本語教室を「居場所」にしていくためのボランティア養成講座についてのレポート「『居場所』としての日本語教室 —— 日本語ボランティア養成講座の考え方と実践」（東京外国語大学多言語・多文化教育研究センター，2011）がまとまりました。この居場所感アンケートの活用例は、そのレポートに関心を持った地方自治体 E の担当者からの講座依頼がきっかけです。

　それより先にも、地方自治体や各地の国際交流協会などから、多文化共生の地域づくりに関するワークショップや、地域日本語ボランティア養成講座、フォローアップ講座の依頼はあり、居場所感アンケートや教材体験の研修は実施してきました。今回の実践例を報告するのは、後述するように現場のボランティアと設置運営側の自治体職員など参加者が多様であること、研修の主催者が「居場所」の理念を理解した上で、その地域の日本語教室の活動に居場所の理念を広めたいという明確な意思を持っての依頼であることから、

今後に活かせる事例ではないかと考えたからです。

》研修地域の状況と研修全体の流れ

　地方自治体 E は「県内の日本語教育については非常に地域間格差が大きく、外国人住民の多い大都市では自治体やボランティア団体による日本語教室が盛んですが、地区によっては中心市を除くと少数のボランティアに支えられている教室が多く、まだまだ活動の活性化が必要な地域」とのことでした。さらに「このような地域において日本語教室を継続、振興していくために、市町協会職員やボランティア支援者に、『日本語教室は単に言葉を学ぶ場にとどまらず、交流や地域参加の場である』（前掲レポートからの引用）という教室の意義、役割をご理解いただくことは非常に有意義だと考えており」と依頼文に書かれ、講座内容は、施策的なものよりも地域で実践できる取り組みの事例などを要望していました。

　居場所の考え方を実際の教室活動に活かすには、居場所の視覚化が必要で、すでに活動している教室に対しては居場所感アンケートを実施し、関係者間で現状を把握することが有効だと思われます。また教材例としての生活マップ（p.80）の紹介と体験も活動のイメージがつかめるのではないかと考えました。研修会の参加者が市町国際交流協会職員や日本語教室の運営スタッフ、教室のボランティアスタッフなど立場が異なり、これから教室を立ち上げるところもあり、多様な活動事例も知りたいという希望もあったことから、研修会全体 2 時間半を以下のような構成で進めることにしました。

＜第 1 部＞ 13：35 ～ 15：30
「多文化共生の地域づくり――『居場所』としての地域日本語教室」
1.「居場所」としての地域日本語教室って？
2.「居場所感アンケート（短縮版）」体験
3.「居場所感アンケート」結果に見る地域日本語教室
4. 養成講座、フォローアップ講座について
5. 教室活動の教材・活動例
　（同じ地域住民の視点で「生活マップ」体験）

> 6．教室活動と周囲との連携（X 市の事例）
> ＜第 2 部＞ 15：30 〜 16：00 意見交換会
> 「地域日本語教室における課題の共有と解決へのヒント探し」

　第 1 部 2 時間のうち、前半 1 時間は居場所の理念の理解と居場所感アンケート体験、後半の 1 時間弱を居場所を意識した活動体験の紹介に当てました。第 2 部の 30 分は、前半を受けての疑問やそれぞれの現場の課題を共有する時間としました。この活用事例では、第 1 部前半の「居場所感アンケート」体験（太字部分）を中心に報告します。

» 「居場所感アンケート」体験

　本調査では、ポジティブやネガティブという感じ方の個人差を修正するために日本語教室と日常生活の場の 2 か所について居場所感を尋ね、その比較を参考に、場としての教室活動を読み解きます。また、学習者が母語で答えられるように、日本語ルビ付きを含め 8 言語の翻訳版があります。今回のような研修講座では、場の読み解きが目的ではなく、アンケートの質問項目を読むことで場のイメージが膨らむこと、その質問に答える学習者に思いを馳せることを目的にするので、日本語教室で使用する 28 問の質問紙を短縮版と名付けて使用し、自己評価用の計算用紙と換算表（巻末参照）もセットで配布しました。

　「居場所感アンケート」体験の前に、地域日本語教室の機能について説明し、多文化を持つ人々の居場所感についての図を提示します。その居場所感を可視化するツールが居場所感アンケートであることを確認してから体験に入ります。

　以下が体験時にパワーポイントのスライドで示した指示で、そのまま声掛けに使いました。

> 1．日本語教室参加者はその教室、それ以外の方は職場など自分が
> 　　所属する場所を想定して答えてください。
> 2．「居場所感」なので、感じるままにさっと記入してください。

3. 計算用紙に点数を記入してください。5, 8, 14, 17は逆転項目です。
4. 合計点を出したら、評価点換算表を見て「評価点」を出し、五角形グラフの当該箇所に印をつけてください。
5. 印を結んだ線が、あなたのその場での居場所感です。

　講師の指示に従って黙々と作業を進めていく人、悩んでいるのかなかなか進まない人、アンケートに答え終えて評価点の手前で止まっている人、五角形のグラフを描いて「えー、ショック〜」「ふむふむ」などと言っている人など様々な反応が見られました。講師は会場を回りながら、「直感で答えていいんですよね」「この合計点を見るんですよね」という確認のための質問に答えます。評価点換算表の扱いに手間取って、グラフができていない人もいましたが、そこが目的ではないので、構わず次に進みました。

» 居場所感アンケートと教室活動の読み解き例

　「居場所感アンケート」体験の後は、実際に日本語教室で実施した調査結果と、その教室の特徴、どのように読み解いたか、その後のアクションをどう起こしたかについて、事例を2点紹介しました。以下がその内の1点です。なお、「支援者」という言葉に違和感を抱く人もいるかと思いますが、アンケート調査では、分かりやすいように、学習者、支援者という言葉を使っている関係から、ここでもその言葉を使用しています。

　＜事例＞

　日本語教室（図1）と日常生活（図2）それぞれの場で、実線が学習者、点線が支援者の居場所感を表しています。学習者の居場所感は教室の中での方が、日常生活より、交流や参加感が高く出ていて、この教室が学習者にとって人と関わり、社会につながる大切な場所になっているようです。一方支援者は、日常生活に比して、参加感以外の因子が縮こまっており、少し窮屈な活動をしているように見受けられます。

　この教室は、日本語を積み上げながら教えることを重視するため、学習者と支援者のマッチングを定期的に見直し、教材研究や内部研修があります。また、教育活動と同時に交流や地域と関わるイベントも年間計画に基づいて

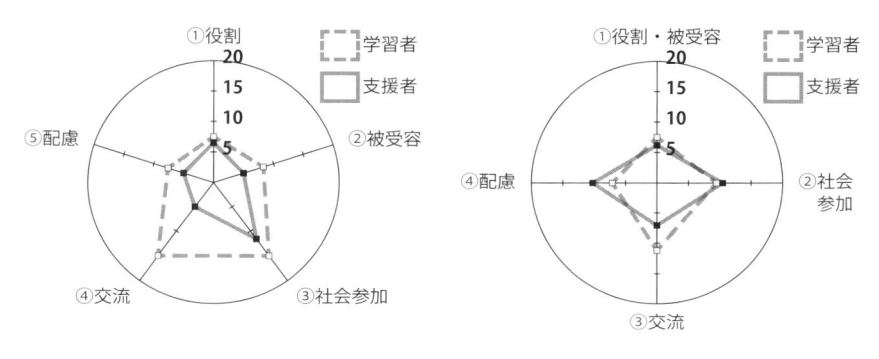

図 1　日本語教室　　　　　　図 2　日常生活

活発に行っています。支援者の話では、活動は充実しているけれど、ミーティングも頻繁で負担に感じることも多いと言います。この教室は、今後支援者の負担を減らしつつ、充実した活動を続ける方法を模索中です。

　もう 1 点は、アクションを起こした例として、事例 **3** で報告の前半部分を紹介しました。詳しくはそちらをお読みください。

»「居場所感アンケート」体験後の参加者の反応

　以下は、講座参加者 24 人中、17 人から無記名アンケートにご協力いただいた結果です。回答者の内訳は教室のボランティアスタッフ（教室運営者を含む）9 人と自治体関係者（教室設置者）8 人です。

　17 人中 16 人が居場所感アンケートに興味を持ったと答え、その内 14 人がアンケートを実施したいと答えました。自由記述欄には、プラス面として「可視化が可能で良い」「自分の居場所感を客観的に見ることができる。ショックだが役立ちそう」「ボランティア、学習者にとって居場所があるかないかで、周囲になじめ、行事に参加できるか重要だと思い、日本語教室を進めるうえで、常に考えていきたい」「要因を分析すると実態が分かりやすくなることが理解できた」というコメントがありました。前向きながら、不安や戸惑いは以下のように語られました。「結果の活用の仕方が、まだはっきりと理解できていないが、実施してみたいと思う」「講師も言われていたように、結果を出すことによって評価する、されたと感じる人もいると思う」。

　今回の研修会には、現場のスタッフから規模も状況も様々な自治体関係者まで立場の異なる参加者がいることから第1部に居場所の説明や「居場所感アンケート」体験を含む6種の内容を組み込みました。講座アンケートで、1番関心を持った内容を尋ねたところ、「居場所感アンケート」体験と答えた人が7人、2番目に挙げた人は4人で、17人中11人が大きな関心を示しました。参加者の反応を見た感じでは、体験後の事例説明で理解が進んだように思えました。地域の日本語教室の状況は様々で、普遍的な課題もあれば、特有の課題もあります。実際の教室の状況を説明しながら、アンケート結果を読み解いていく流れが、参加者の理解を深めたのではないかと思います。

» おわりに

　「日本語教室は単に言葉を学ぶ場ではなく、交流や地域参加の場である」という考えを実践するためのステップとして、教室の状況を可視化するツール「居場所感アンケート」に関心を持つ人は多いでしょう。レーダーグラフで可視化できることで、グラフが小さいと問題があり、大きく広がっているとよい活動であると単純に考えてしまわないためには、その場の理念を理解し実践するコーディネーターなどアンケート実施者の存在が重要です。その場を構成する学習者と支援者が、コーディネーターと共にレーダーグラフを

読み解きながら、日常活動の改善や将来の方針などを話し合っていければ理想的でしょう。そういう時間が取れないというときは、気になる点について、コーディネーターが立ち話で「アンケート結果はこうだったけど、どう思う？」とあちこちで意見を拾ってまわり、現状把握から活動改善につなげることもできるでしょう。グラフという分かりやすいツールは、使い方を知る人がいてこそ役に立ちます。各地でコーディネーターの配置が進み、このツールが適切に使用され、活動改善に活かされることを願っています。

（山辺真理子）

⑵活用事例解説

　地域日本語教室は、市民ボランティアである支援者と学習者である外国人住民が集まります。しかしどの人もそこに来る目的や動機はさまざまです。果たして、それらの人にとって地域日本語教室がどのような場だと捉えられているのでしょうか。それを知りたいと4人のコーディネーターが、自分が関わる教室や研修の場で居場所感調査をした報告を載せました。

　活用例**1**は、企業内に設置された教室と公営住宅内にある集会所を会場として開かれている地域日本語教室での調査に関する報告です。コーディネーターは参加者の居場所感に問題意識を持っていませんでした。参加者の「本音が知りたい」という漠然とした課題設定で調査を実施し、その結果を日本語教室の「評価」として受け取ってしまったことから、大きなショックを受けました。そのために十分な調査結果の読み込みができなかったと振り返っています。その後コーディネーターは教室運営をする関係者仲間に意見を求め、自分では気付かなかった別の読み解きがあることを知り、教室運営に関わる複数の示唆を得ました。居場所感調査は、決して「評価する」ためのものではないことが明確に示された事例だと言えます。

　活用例**2**は、自治体から日本語教室運営費を減額されそうになったときに、地域日本語教室の必要性を訴えるために居場所感調査を役立てたものです。重要だったのは外国人住民にとってだけではなく、日本人住民にとっても日

本語教室は有意義なものであると証明することでした。教室のようすを直接知らない自治体職員の場合、参加人数の推移などから教室の意義を判断しがちです。この事例から居場所感調査は地域日本語教室の意義を可視化し、第三者への理解を促す良い道具であることがわかります。

活用例**3**は、大都市郊外における夜間の地域日本語教室での調査とそこから見えてきた課題への取り組みについての報告です。コーディネーターは夜の教室で居場所感調査を実施し、課題を見つけようと思いました。調査結果を読み解いた結果、ボランティア不足がその一因かもしれないという予想から、**2**と同様に自治体に調査結果を示し改善の働きかけをしました。また活動そのものの見直しにも活用しました。居場所感調査によって課題が発見され、教室環境が大きく改善された典型的な事例と言えましょう。特に問題がなくとも居場所感調査を実施してみれば、新しいことに気付く可能性があることが分かります。

活用例**4**は、大学生ボランティアが支援者として活動する教室での取り組みについての報告です。5年間にわたり、3回の調査を実施する中で、最初は日本語教育の場であった教室が学習者の居場所づくりを目指す教室へと変化しています。コーディネーターは支援者に居場所の重要性を伝え、また日本語教育能力を持たない支援者が役割感を得られるように教室活動改善への取り組みをしました。この事例は、居場所感調査が長期にわたる教室の変化を知る道具となること、コーディネーターが目指す方向を教室参加者と共有する手段となることを示しています。

活用例**5**は、居場所感調査に親しんでもらうための取り組みの報告です。ある地方自治体が行った市町の国際交流協会職員やボランティア対象の研修会で居場所感調査を体験してもらいました。多様な教室関係者が居場所感調査を体験し、居場所について理解することを目指しましたが、その結果は期待に添うものでした。活動している教室内だけでなく、多様な人々に居場所についての理解を広げるためにも、居場所感調査の体験は有効であることが分かります。「居場所」への理解を促すために、居場所感アンケートを活用した事例です。地域日本語教室を居場所にしていくためには、教室の運営に

直接関わるコーディネーターや支援者と学習者の理解を得るとともに、自治体など設置者の理解やバックアップが大切でしょう。その足掛かりを示す例と言えます。

　「居場所感調査」、「調査結果をグラフ化して示す」などというと教室関係者は「いったい誰が私たちの活動を評価するのだろう」と不安になりがちです。活動の実態を知らない外部の人間が、自分たちの場を調査して、数値化し、コメントすると聞くと、とても違和感があります。しかし、居場所感調査は当事者がするもので、その読み解きも自分たちでするものです。教室をよく知る人が調査結果を読み解くことで、その結果を教室改善へ向けて活用できるということがお分かりいただけたと思います。

（河北祐子）

第3章　地域日本語教室の居場所づくりのための教材と実践

1　参加型学習と居場所づくり

⑴はじめに

　地域日本語教育の場でも、この十数年ほどの間に、参加型学習手法やワークショップと呼ばれる多様な学習方法が取り入れられるようになってきています。私が参加型学習として紹介されている多様な学習手法やアクティビティに出会ったのは、1980年代後半の海外の人権教育教材や開発教育教材が最初でした。それまでの人権教育や開発教育では、その目標や内容に関する議論が先行していた状況のなかで、その方法の斬新さに「おもしろい！」「方法という切り口から新しい展開が可能になるのでは？」といった印象を受けたことを覚えています。それから四十年近くが経ちます。そして最近では、この手法が、開発教育や国際理解教育関連のセミナーだけでなく、社会教育施設での各種セミナー、地域づくりのためのワークショップ、企業内研修セミナー、アクティブ・ラーニングの導入に向けた学校教育など、いろいろな場で注視され活用されています。

　私はこのような動きを一方では歓迎しつつ、他方では若干批判的に眺めておきたいと考えています。ここでいう歓迎とは、これまでの教育において、その目標や内容については非常に多くの研究と議論がありながらも、実践に移していく方法・手法への関心が不十分であったため、理念が空回りしがちであった状況を崩そうとすることへの歓迎です。しかし一方、批判とは、最近の方法・手法の広がりを眺めてみると、方法のみに関心が置かれ、今度は

その教育の目標や内容が横に置かれる状況がみられることへの批判です。また ワークショップ型の方法のみが注視されることへの批判です。私はそのような状況を「方法が踊る」と批判的に表現しています。

　ともかく教育においては、その目標、内容、方法は不可分な関係をつくっています。どれかではなく、常に全体の関係のなかで、それぞれ目標、内容、方法は検討されていくことが求められています。たとえば開発教育や国際理解教育では、地域・現代社会が抱える問題を軸にした問題解決的な学習の展開がめざされていますが、その学習を展開する場合に、たとえば教科書を中心とした教師から学習者への知識伝達型の学習方法では対応しきれないことは明らかです。また同様に地域日本語教育でも、そこに求められている教育が、単に言語的知識の伝達だけでなく、日本語学習者が抱える問題・課題に日本語ボランティアが共に出会い、その問題解決・課題探究に向けてコミュニケーションを図り、協働関係を築いていくことがねらいとして想定されるなら、従来の伝達型の教育や方法だけでは対応しきれないはずです。

　このように協働関係を築くことをねらいとするなら、参加型学習とは何かということと共に、なぜ参加型学習なのかというその学習のねらいに関する問いが重要な意味をもっていることになります。この章では、この「何か」「なぜか」ということを基本に据えながら、参加型学習について考えますが、そうすることが、参加型学習と居場所づくりとの関連を浮かびあがらせることに繋がればと思っています。

⑵参加型学習とは何か──その定義と基本原理──

　参加型学習という言葉は、日本では1990年前後から用いられるようになった言葉です。ただ実践のなかで生み出されてきた言葉ですので、この言葉には必ずしも明確な定義があるわけではありません。狭義には、講義のような一方向の伝達型ではなく、学習者が学習過程に参加することを促す多様な手法を指す言葉として用いられることがあります。しかし、特に開発教育などの問題解決型の教育の領域では、たとえば「共に生きることのできる公正な

地球社会づくりに参加することをねらいとする」「開発をめぐる問題を克服するための努力や試みを知り、それに参加できる能力と態度を養う」（開発教育協会）といったねらいに即して参加型学習が語られてきたことを考えると、参加型学習とは「学習者の社会参加、問題解決への参加をねらいとする学習であり、またその参加を可能にするための多様な方法・手法によって特徴づけられる学習」と定義づけることができます。

　この参加型学習については、「方法が踊る」と表現したように、多様な手法に関心が向きがちです。しかし、この参加型学習の基本的かつ最も重要な点として、この学習は、関わるものの間に対話的な関係をつくり出そうとしていることを指摘しておきたいと思います。つまり従来の伝達型の学習では、教師と生徒、教えるものと教えられるものといったように、それぞれの関係が一方向の固定化したものにとどまりがちであったのに対し、参加型学習は、それを双方向のまさに対話的なものにしていこうとしているのです。

　たとえば「正しい方法は対話にある」と述べたブラジルの教育者であるパウロ・フレイレは、『被抑圧者の教育学』において、従来の教育において、教師－生徒の関係が「一方的に語りかける」という特徴をもっていることに疑問を投げかけています。つまり教師の仕事は「一方的に語りかける」内容で生徒を満たすことになり、そしてその内容は現実から切り離され、それに意義を与えることのできる全体性とも断たれているため、具体性を失ってきます。そしてこの一方的な語りかけは、生徒を語りかけられる内容の機械的な暗記者もしくはその内容の入れ物、容器にしてしまいます。このような教育を彼は「銀行型教育」と呼び批判します。他方、彼が標榜する「課題提起教育」では「対話」がその教育のあり方、その方法の基本に位置づけられています。つまり「対話」を通して、これまでのたとえば「教師－生徒」の関係はなくなり、「教師はもはや単なる教えるものではなく、生徒と対話を交し合うなかで教えられるものにもなる。生徒もまた、教えられると同時に教えるのである。彼らは、すべてが成長する過程に対して共同で責任を負うようになる」のです。つまり課題提起教育では、生徒はもはや従順な聞き手ではなく、教師との対話の批判的共同探究者となり、教師は生徒に考えるため

の材料を与え、生徒が発表する彼らの考えを聴きながら、自分以外の考えを検討することになります。

　このような「対話」は参加型学習の方法上の基本原理として確認することができます。またこの「対話」に関して重要な点をもう一点指摘することができます。それは、この「対話」を成立させる要件として、フレイレは「世界と人間に対する深い愛」「謙譲」「信頼」「希望」「批判的思考」をあげていることです。これらは対話的関係を成立させるための必要条件とも言えるもので、これらなしに「対話」は存在しえないということです。このことは、私たちが日々の生活のなかでの、他者もしくは社会との対話的な関係を思い浮かべた場合、自ずと明らかになります。自分そして他者に対する愛や信頼なくして、まさに対話的な関係は成立しないのです。

　以上のように、参加型学習はその方法・手法によって特徴づけられる学習ですが、その根底には、対話的な関係、愛や信頼などの原理・条件を必然的に内包しています。改めてそういった視点から参加型学習を捉え直しておくことが求められています。

⑶なぜ参加なのか── 「共の再生」と「文化的参加」──

　もう一つの問いはなぜ参加なのかという点です。開発教育などが参加型学習を展開するなかで、方法論としての参加型を重視しつつ、同時並行的に重視してきたのは、目標論としての参加、つまり学習者の「問題解決への参加」もしくは「社会づくりへの参加」という点でした。参加に関しては、人権の視点から参加権、政治的参加や意見表明権など、数多くの指摘がなされていますが、この参加というものを形式的もしくは制度的な捉え方にとどめないために、ここでは「共の再生」そして「文化的参加」という視点から参加について考えておくことにしたいと思います。

　社会参加には、「政治的参加」「経済的参加」「文化的参加」が含まれ、また社会参加の対象となる活動は、「公」「私」「共」という3つの分野に区分することができます。「公」とは主として行政が担う公益（平等性・公共性）

を原理とする活動であり、「私」とは主として個人・企業が担う私益（実利性・市場性）を原理とする活動であり、「共」とは主として多様な市民団体・組織が担う共益（共同性・自発性）を原理とする活動です。いま「地域の再生」「地域の活性化」に向けて、国内外を問わずいろいろな地域で住民参加によるいろいろな試みがなされていますが、その試みの軸には、「共の再生」という課題を見いだすことができます。中田豊一は『ボランティア未来論』のなかで、行政には担うのが難しい「共」の部分があるとした上で、この「共」の本質が「参加」であるとしています。そして先進国、途上国を問わず、「私」が肥大化し、「公」が硬直化し、そして「共」が衰退したことが数多くの問題の本質にあると指摘しています。つまり参加は「共の再生」を意味することになります。

　また参加が、社会的意思決定過程への制度的参加や組織・集団への参加などの形態・目標から社会性や社会的意義に関連づけられてとうえられることが多いのに対し、人間の精神的情緒的側面に注目し、文化的活動と表現を通して社会や集団と関わる「文化的参加」の概念も参加を考えるにあたって重要な視点です。佐藤一子は、『子どもの文化権と文化的参加－ファンタジー空間の創造－』において、「学校教育という制度的枠組みをこえた自由な空間において、子どもたちみずから表現し、異なる世代とのコミュニケーションを発展させ、多様な価値との葛藤を経験しうる場として、地域社会における文化的生活への参加は大きな意味をもっている」とした上で、「文化的参加」に関して次のように指摘しています。

　　　＜文化的参加＞は創造的・探求的な関心や興味の共有、情緒的一体感などを通じて個々人の精神的充足や人間関係の形成、心身の解放などが促進されるプロセスを重視し、文化を媒介とするより内面的な価値をもつ活動とその人らしい表現をつうじて個人が社会や集団とかかわる個性的方法に注目するとらえ方であるということができるであろう。

　この「文化的参加」の視点は、これまでの開発教育や国際理解教育にみる参加型学習の展開のなかでも、十分に関心が払われてきたとは言えません。

しかし、いまの世界各地での地域づくりや地域おこしを眺めてみると、そこには、祭りがあり、踊りがあり、歌があり、また芸術があるように、大人・子どもを問わず、すべての人に心の躍動を生み出すような動きが一つの核になっていることが見てとれます。この動きを文化的参加と呼ぶなら、この文化的参加は、従来の社会参加と相互に関連し合いながら、「共」を生み、また地域を再生していく大きな役割を担っていくと考えられます。

　参加とは、まさに「共」づくりであり、その場合に従来の社会的意思決定過程への制度的参加や組織・集団への参加に加え、文化的参加を注視し、それらが相互に連動し合っていくことが求められてきます。そしてその過程をつくり出そうとしているのが参加型学習であるということができます。

⑷多様な参加型の方法・手法

　以上のような「何か」「なぜか」に関する問いを根底に据えた上で、参加型学習では、「はじめに」で指摘したように、方法・手法を重視し、多様な方法・手法がその状況に応じて活用されることになります。たとえば、実験、見学、調査、旅行、キャンプなどは従来から活用されてきた体験型・参加型の手法です。また最近注目されているのが、教室という狭い限られた空間のなかにあっても、比較的手軽に、学習者の学習過程への参加を促すことができる、部屋の四隅、フォトランゲージ、ランキング、ディベート、シミュレーション、ロールプレイ、プランニングなどの手法です。これらに共通する特徴としては、学習者の緊張を解き、その場の雰囲気を和ませるなかで、学習者がもっている知識や経験、考えを引き出し、相互の意見交流を促進し、そしてこの対話的な過程のなかで、学習者が新しい発見をしていくことを大切にしているということです。たとえばディベートの場合、単に知識を増やすだけでなく、その知識を使い、論理的に組み立て、表現し、他者の意見に耳を傾け、そのテーマのもつ新しい意味を学習者同士で相互に発見していくという学習過程を生み出すことが目指されています。さらに教室といった空間を越え地域へ参加していく方法として、アクションリサーチという方法も最

近では注目されています。この方法は、本来は社会活動で生じる諸問題について、小集団でその問題を分析し、問題解決のプランをつくり、そのプランを社会生活に還元して現状を改善することを目的とした実践研究の方法ですが、ロジャー・ハートが『子どもの参画』のなかで、子どもの環境教育は、自分の生活圏で課題を探し、それを深めて、少しでも改善することが大切であると述べたことから、学習方法として注視されるようになっています。

　そしてこのような方法・手法を活用し、そこに学習内容・目標が加味されることにより、多様な教材や実践が生まれることになります。この章で紹介されている「生活マップ」「私の宝物」はその事例です。これらは、その方法においてそれほど複雑ではなく、アクセスしやすいということができますが、ただそうであるがゆえに、その学習のねらい・目標を常に明確にしていく姿勢が求められます。たとえば「生活マップ」は、①セルフエスティーム（自尊感情・自己肯定感）を培うための継続的な活動として、②互いの共通点を見つけ会話を広げる仕掛けとして　③地域課題に気付くための入り口としてなど、いろいろなねらいが想定できます。したがって、それぞれの実践の場で、学習者のニーズに即して、そのねらいを明確にし、対話的関係の中で、独自の活動をつくり出していくことが求められます。

⑸ファシリテーター、コーディネーターの役割

　参加型学習におけるファシリテーター、コーディネーターの役割は、知識伝達型学習での教師の役割とは大きく異なります。そこでは、知識を伝達するだけの教師から、学習者がそれぞれ異なる経験・知識・意見をもっていることを尊重し、それらを引き出し、対話を生み出し、相互の学び合いを促進する役割が求められるためです。参加型学習を進める上で、教師のことを「ファシリテーター（促進者）」と呼ぶのはそのためです。とはいってもこのファシリテーターは学習者同士の対話を生み出すために、司会者のように進行役に徹するというわけでもありません。対話を生み出すためのきっかけづくりとして、いくつかの手法を活用し、学習者の経験・知識・意見を引き出

しつつも、自らも意見を示し、対話を通した学び合いに参加していくことが求められます。まさに対話の過程では、参加する者は常に対等な関係にあるわけです。

　また参加型学習の場をつくるためには、学び合いを促進するファシリテーターとしての役割だけでは十分ではありません。学びの場とカリキュラムを主体性と創造性をもって構想し、つくり出すプロデューサーとしての役割も必要です。さらには外部との人的・物的・情報的な関係をつないでいくコーディネーターとしての役割も、学びを特定の場にとどめることなく学びを有機的につなぎ広げていくためには大切です。それらの役割を一人で引き受ける人もいますが、複数で担当する場合もあります。

　参加型学習の多様な手法が広まるなかで、それらの手法を用いた学習は楽しいとよく耳にしますが、その楽しさもファシリテーターやコーディネーターの関わり方で意味は大きく異なってきます。その楽しさを、和んだ雰囲気が生み出すその場だけの楽しさにとどめるのではなく、学習者が、地域そして世界の現実を見据え、自分と地域・世界との関わりに気づき、そして自分がその地域・世界に主体的に参加できる楽しさ、またその地域・世界の変革・創造に参加できる楽しさにしていくことが求められています。

⑹おわりに——居場所づくりに向けた参加型学習——

　以上のように、参加型学習は、実践的にはまだまだ開発途上の学習ということができますが、理念的には愛や信頼などを基礎に対話的協働的な人間関係づくりを基軸とした学習であり、また学習者が社会参加（政治的参加・経済的参加・文化的参加を含む）することを目指す学習であるということができます。そして居場所が、「安心感」「帰属感」といった心理的側面を基礎とする場であり、社会を読み解き社会に参加する場であり、文化間に共生に向けての動的な関係をつくり出す場であるなら、参加型学習は、教室をそして地域を居場所としていくための学習であるということができます。

（山西優二）

2 （1）参加型学習の教材と実践事例

第1章の3で地域日本語教室を居場所にしていくための道具として参加型学習教材の必要性について述べましたが、この節では実際の進め方や留意点などを解説します。

参加型学習を進める際に最も重要な役割を果たすのが「ファシリテーター」ですが、教師や進行役とどこが違うのか、どのように進めればいいのかを理解するためには、実際の活動のようすを紹介した方が、より具体的なイメージがつかめると思います。

ここでは、学習者であれ支援者であれ、同じ地域に住む市民としてよりよい人間関係を築くために、参加型学習教材「生活マップ」「部屋の四隅」「フォトランゲージ」「私の宝物」の4つを紹介します。地域日本語教室での基本的な活動の進め方を紹介し、実践例を「生活マップ」は4例、それ以外は2例ずつ掲載しました。その中には、多様な実践が可能になる応用例として2種の教材を組み合わせた例、継続して使用した例もあります。「生活マップ」と「部屋の四隅」は、日本語ボランティア養成講座での実践例も載せましたので、地域での養成講座の参考になればと思います。

なお、参加型学習教材は日本語の学習と相容れないのではないかという疑問に答えるために、日本語教育の視点からもコメントを付けました。

3つの留意点

地域日本語教室でこれらの手法を使って活動する際に、特に留意する点は次の3つです。

①日本語学習支援者のうち一人が「ファシリテーター」（参加者の考えや意見の引き出し役）になること

②ファシリテーター役以外の支援者は、全員が学習者と同じ立場で参加すること

③活動は日本語で行うが、その目的は参加者間で意見交換や交流を行い、よりよい人間関係を築くこと（結果として日本語習得のモチベーション

が高まることが期待できる）

　参加型学習において重要なのはファシリテーターの役割です。特に、ファシリテーターの声掛けや態度、また、参加者同士のインターアクションのようす、日本語レベルが初級の学習者がどのように参加できたか、さらに学習者の感想やファシリテーターの振り返りなどに注目し、ファシリテーターのイメージをつかんでください。

用語の意味

　次のような意味合いで使用しました。

　①学習者：日本語を学びたいと教室に来ている人（多くは外国人）

　②支援者：日本語などの学習を支援しようと思って参加している人（多くは日本人）

　③日本語レベル

　　入門：日本語がほとんどわからないレベル

　　初級：非常に身近なことについて、単語や短い文を並べながら何とか会話ができるレベル

　　中級：ある程度文字も読め、日常生活に困らないレベル

　　上級：新聞やニュースなども何とか理解でき、自分の考えを整理して話せるレベル

【 生活マップ 】

「生活マップ」とは、日常の生活の中で、行く場所や過ごす場所を書き出し、お互いに、またはグループメンバーで見せ合いながら、質問したり、説明したりする活動です。

ねらい：地域日本語教室には、様々な生活圏の人が集まります。それぞれがどういう場所に行っているかを見せ合うことで、どこで何をしているか、どんなことに興味があるか、生活に密着した話題が広がり、地域情報の交換なども行われます。また、教室では見えない違う場面での生活や活動がわかり、思いがけない特技や趣味を発見し、互いに認め合い、人間関係を育む活動にもなります。

　一方、生活場面での苦労話が出てきて、改善点を話し合ううちに、地域課題の解決につながることもあります。

　この活動では「場所カード」を使いますが、地域にある場所の名前を書いたカードや自由に書ける白紙カード、いくつかの場所を書き込めるように印刷した「場所シート」、ポストイットを使うなど多様な方法があります。いくつかの例を示しておきます。

職場	友だちの家・部屋	日本語教室	郵便局	銀行
美容院床屋	スーパー（　　）	コンビニ（　　）	スポーツセンター	公園
自分の家	病院	家族・親戚の家	車の中	居酒屋
区・市役所	本屋			

場所カードの例（切り離して使います）

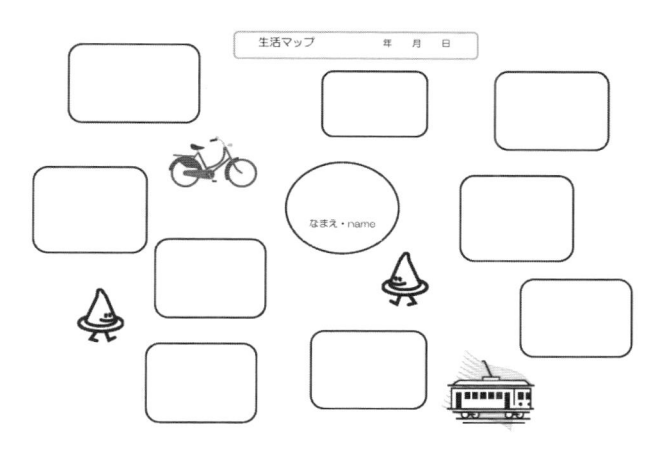

場所シートの例

基本的な活動の進め方

準備するもの：場所カード、筆記用具
人数　　　　：1 グループ 2 人～ 6 人とし、何グループでも可
日本語レベル：初級以上

ファシリテートの仕方：

場所カードを配る

　　　　　　　　場所カードや場所を記入する白紙カード、ポストイットなど
　　　　　　　　を各自に配ります

説明する

　　　　　　　　日常、行く場所や過ごす場所のカードを選んだり、カードに
　　　　　　　　記入するよう指示します

グループで話し合う

　　　　　　　　お互いのカードを見せ合って、意見交換をするよう促します

振り返り

　　　　　　　　活動の感想を言い合ったり、状況の改善が可能か話し合います

留意点：教室では、日本語力が高い人が質問をし、低い人が答えることが多くなりがちですが、互いの生活マップを見せ合い、質問したりされたりの関係が自由になります。参加者の興味や言語レベル、出てきた場所などを見ながら、ファシリテーターは話題が深まるテーマ（問いかけ）を出すことが大切です。

【 「生活マップ」実践例 】

- - - - - - - - - - - - - - -

1　同じ地域に暮らしているんだ！

実施時間　　：60分
参加者　　　：学習者　5名（日本語レベル：初級、中級　母語：
　　　　　　　スペイン語、ラオス語、中国語、ラオス語話者のみ
　　　　　　　男性）
　　　　　　　支援者（大学生ボランティア）3名
　　　　　　　ファシリテーター
準備したもの：場所カード、はさみ（切り離し用）

1. ねらい

　外国人家庭の子どもたちを対象とする学習支援教室に、「日本語を学びたい」と参加する保護者が少なくないため成人グループもつくりました。その結果、大学生である支援者は、年上の学習者との話題が見つけられずにいました。学習者が自分について語り、支援者が学習者の普段の生活について知り、対話が進むことをねらいとして、生活マップを使ってみました。

2. 活動のようす

　いつもはマンツーマンの活動ですが、この日は学習支援者に欠席が多く、1人で2人の学習者を担当している学習支援者もいました。2時間の活動時間のうち、1時間が過ぎたころ、参加していた成人学習者と学習支援者たちにファシリテーターが「生活マップをしてみませんか」と声をかけました。学習者は、日本在住15年以上の日系ペルー人のお母さんたち、難民出身の奥さんを持つ、日本に来て約10年のラオス人のお父さん、日本に来て2年の中国人女性です。

場所カードを配る

図のような場所カードを印刷した
A4用紙を各自に配りました。空欄
には自分が行く場所を書き入れます。
それらの場所がイメージしやすくな
るよう「家」「スーパー」「日本語教
室」「銀行・郵便局」「保育園・小学校・
中学校・高校」など全員に共通する

		家	スーパー
	日本語教室		
			保育園・小学校・中学校・高校
銀行 郵便局			

と思われる場所名をバラバラに書き入れておきました。学習者は、中国人女
性以外、全員が公立小・中学校に通う子どもを持つ保護者でしたので、保育
園などの教育機関名を一枚の場所カードに入れました。

説明する

ファシリテーター：この紙を見てください。読み方が書いてないけど、漢字が読
めるかしら？　いっしょに読んでみましょうか。

学習者K：うち？

ファ　　　：そう。うちね。いえでもいいですよ。それから？

学習者S：ほいくえん！　しょうがく？

学習者K：がっこう。しょうがっこう。ちゅうがっこう、こうこう。

ファ　　　：Kさん、勉強しましたか？

学習者K：そうね。私、一生懸命練習した。

支援者A：Kさん、本当によく勉強していらっしゃいます。

学習者T：ぎ・ん・こ・う（つぶやきながら、ルビをふる。ほかの学習
者も同じようにルビをふっている）

学習者K：ぎんこう、これ何？　（郵便局をさす）

ファ　　　：だれか読んでください。これは？

学習者全員：分からない。

ファ　　　：ゆうびんきょく。知らない？

学習者S：あ〜、ゆうびんきょく。知ってる。

　　学習者Ｔ：（日本語教室のカードを見ながら）え〜っと、「おしえる」ね？
　　　　　　　　なんだっけ、これ、きょうしつ！

　　ファ　　　：そう！　こちらは？　（日本語という漢字を指す）

　　学習者Ｔ：び？　う〜ん、わからないよ。（ほかの人たちを見る）

学習者は日本在住年数も異なり、日本語の力に違いがありました。「ほいく
えん」と読めたＳさんは誇らしげでした。大体の形で推測して漢字を読ん
でいる人は隣の人に確認し、ローマ字で振り仮名を振りました。日本語教室
の「にほんご」が読めない人が何人もいたのは意外でした。学校に関するこ
とは保護者である学習者にとって大切なので読めるのだろうと思いましたが、
日本語という漢字は生活の中にないのだ！と新発見した気持ちでした。

　　ファ　　　：いつもどんな場所に行きますか？　行く場所を空いている四
　　　　　　　　角の中に書きましょう。

　　参加者全員：？

　　ファ　　　：えっと、毎日行く場所。毎日じゃなくてもいい。でも学校や
　　　　　　　　銀行、行くでしょう？　ほかに、どんな場所へ行く？　あな
　　　　　　　　たが行く場所を書いてください。

スペイン語交じりのローマ字で書く人、勉強した漢字を書くことに熱心な人、
カタカナとひらがなでどんどん書いていく人など書き方も個性的でした。学
習者は互いのシートを覗いて書き方をまねたりしています。

　　学習者Ｋ：○○屋？　それ、どこにある？

　　学習者Ａ：あのね、駅のそば。○○駅ね。△△のところ、横。

　　学習者Ｓ：うん、知っている。あるよ。スーパー。

学習者のシートはいろいろな場所で埋まっていきますが、支援者のシートは
「大学」「実家」「図書館」などに加え、フィットネスクラブ、書道、原宿な
どの趣味の場所が少し書かれたくらいでした。学生と生活者である学習者の
行動範囲の違いが現れました。

グループで話し合う

　　ファ　　　：さあ！　どんな場所に行くのかな。教えてください。じゃ、

　　　　　　　Aさんからお願いできますか？

学習者A：私？　え〜っと、○○屋。安いから行きます。私、水曜日に
　　　　　は必ず行く。

学習者S：知ってる。安いよね。私も行きます、水曜日。あとね、農協
　　　　　も行く。

学習者K：水曜日？

学習者A,S：そう。○○屋、水曜日にセールしてるよ。ほんと、安いよ。

学習者K：ふ〜ん、そう。水曜日。

シートをみんなに見せながら一人ずつ説明しましたが、すぐに地域情報の交換が始まり話が弾みます。それを唯一の男性であるTさんが静かに聞いていました。

ファ　　　：では、Tさん。Tさんはどんな場所に行きますか。買い物には、
　　　　　どこに行きますか。教えてください。

学習者T：私は、買い物に、あまり、行きません。

学習者K：あ、奥さんが行くね。そうでしょ！

学習者T：はい。

ファ　　　：じゃ、Tさんはどこに行きますか？

学習者T：公園。公園で運動します。（「ペタンーク」と書かれたカード
　　　　　を指す）

学習者A、K：へえ、どんなの？　ペタン、ペタンーク？　何ですか？
　　　　　それ。

学習者T：ペタンーク。あのう、こう、棒？　みたいの、あって、それを、
　　　　　ボール（投げる動作）。たくさん、ボーリングみたいの。

ファ　　　：ペタンク？

学習者T：毎週、日曜日、公園に行きます。みんな、たくさん人が、します。

ファ　　　：ともだちですか？

学習者T：そう。ともだち。みんな、します。ペタンー、ペタンークです。

ファ　　　：あ〜！　ペタンクというスポーツですね。スペインでもする
　　　　　んじゃ、ありませんか。ペルーの人はしませんか？　ボーリ

　　　　　　　　　ングみたいな、こんな形の棒があって、ボールを投げてそれ
　　　　　　　　　を倒すんですよね？

学習者 S：そうそう！　知ってる。いつも公園に人がたくさん集まって
　　　　　　　　　るから、何してるんだろうと思ってた。（C さんと A さんを
　　　　　　　　　見ながら）ほら、いるでしょ公園に。

学習者 A：そう、公園にいるよね。T さんだったんだ。イランでもするよ。
　　　　　　　　　それ。よくやってる。（A さんのご主人はイラン人、国際結
　　　　　　　　　婚です）

学習者 K：よかったね。分かって。

ファ　　　：みんな、知ってたんですね。今度、「こんにちは」って挨拶
　　　　　　　　　してみたら？

学習者 A：だれでもできるの？　それ。

学習者 T：（にこにこしながら）はい、大丈夫です。

学習者 A、K：いいねぇ。

学習者 A：きっと主人、喜ぶよ。

T さんが毎週末公園でペタンクというスポーツを仲間で楽しんでいると話し、その場の参加者が全員関心を持ちました。「ペタンーク」という謎のカードが全員を一つにまとめました。

ファ　　　：では、このカードをバラバラに切り離してください。好きな
　　　　　　　　　順に並べてください。

切り離すように言われ、何が始まるのだろうという表情の参加者。カードを切り離すと考えながら並べ始めました。

ファ　　　：あれ？　仕事がみんな好きですか。仕事のカードが上にあり
　　　　　　　　　ますね。

学習者 A：仕事は大事だから。

学習者 K：そうよ。仕事ができるのは、うれしいよ。

学習者 C：私も、やっと仕事見つかりましたから。うれしい。

ファ　　　：わぁ！　仕事見つかったんですね。どんな仕事？

学習者 C：介護です。

```
全員    ：すごい！
学習者Ｃ：まだ、少しだけです。がんばります。
```

中国にいたときには外資系の会社で働いていたというＣさん。業種が異な
る仕事ですが大変嬉しそうでした。ほかの学習者は、Ｃさんを尊敬の眼差し
で見つめていました。

```
ファ    ：ほかには、どんなカードがあるかしら。
学習者Ａ：私、焼肉屋でしょ、レストランでしょ。よく行きますよ。大好き。
        アハハ！
ファ    ：ほかの人のカードはどうかしら？　みなさん、レストランが
        好きなんですね。どんなレストランですか？
学習者Ａ：焼肉屋！　食べ放題の店ですよ。家族も大好き！
学習者Ｓ、Ａ：（スペイン語でやりとりをする）
ファ    ：分かりません。なんていったの？
学習者Ｓ：しゃぶしゃぶの店も食べ放題。うちもよく行くから、同じ店
        か聞いてた。食べ放題は、本当にいいねぇ。
学習者Ｋ：どの店？　あ〜、そこ行きましたよ。食べ放題は、大事ね。
        特にうちは男の子だから、たくさん食べます。
学習者Ａ：あのね。週末公園で遊びます。それから食べ放題の店に行くの。
        いつもね。たいてい、誰かに会うの。そこでね。
```

この地域では出身がどこであっても祖父母や従兄弟たちが近くに暮らしてい
てエスニックコミュニティーが形成されています。ですから週末の食べ放題
の店では知り合いに会うことがよくあるのでしょう。

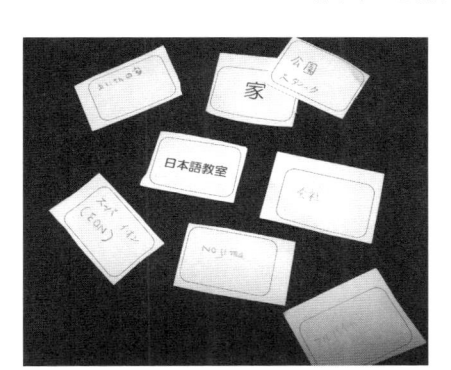

「ペタンーク」ができる公園が一番上です。

カードに「PETANQUE」とメモしました。

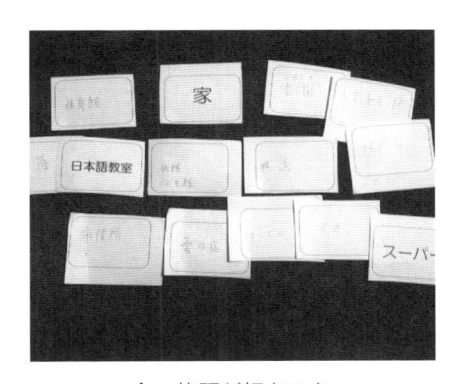

食べ放題が好きです。

みんな、食べるのが好き。

　　　支援者 B：あのう、私、たぶんその店でアルバイトしてたことがあります。

　　　学習者 A：え？　アルバイトしてたの？　いつ？

　　　支援者 B：ちょっと前です。

　　　学習者 A：会わなかったね。もうアルバイトしない？

　　　支援者 B：ええ、忙しくて、してません。

それまでいつもと違って積極的に話す学習者たちのようすに目を丸くしてい
た若い学習支援者は、アルバイトの話で学習者の話の輪に加わることができ
ました。

　　　ファ　　：では、次の質問ね。自分の言葉を話す場所は、どこですか。

　　学習者Ａ：あはは、もちろん家！　それから仕事ね。もちろんレストラ
　　　　　　　ンも。

　　ファ　　：レストラン？　ペルーのレストランですか？

　　学習者Ａ、Ｓ：ちがう、ちがう。家族や友達と行くでしょ。食べ放題の店。

職場では同じ言語圏の人たちが集まっているからでしょう、日本語はほ
とんど使わないということでした。上司からの指示は日本語でも、職場で
の仲間とのおしゃべりは母語が幅を利かせていること、休みには家の外
に出て、運動したり、食べ放題に行ったり、よく食べて、友人たちと賑や
かにしゃべっていることが伝わってきました。

　　学習者Ａ、Ｋ：あと、学校ね。市役所も。

日本語指導を必要とする外国人子弟のために、学校内に設置された国際教室
の先生のスペイン語がとても上手なのだそうです。地域の学校や行政が外国
人市民サービスに努力しているのだと感じました。でもラオス人のＴさんは、
何も言いませんでした。ラオス語は適当な人材が見つからず、サポートが難
しいと聞いています。

　　学習者Ｋ：それから親戚の家で話すよ。

　　ファ　　：でも、日本語を話さなくてはいけない場所も多いですよね。
　　　　　　　困ることはない？　それはどんなことですか？

　　学習者Ｔ：店で困ります。

　　ファ　　：店？　どんな店ですか？

　　学習者Ｔ：電気店。すごくたくさん話しますから。

　　ファ　　：？？　だれが話すんですか？　何を話すの？

　　学習者Ａ：店員。いっぱい説明するでしょ。早いねぇ。話すの。

　　学習者Ｋ：そう、だから分からない。

　　学習者Ａ：ほんと、困るよぉ。ねぇ！

学習者がみんな同じ体験を持っていたようで、Ｔさんの発言でしたが、ほか
の学習者が話を引き取って、しばらく盛り上がりました。買いたい物があっ
ても説明が分からず、結局選べなくて帰ってしまったこともあるそうです。

　　学習者Ｓ：私ね、子どもが「絶対にペルー料理をお弁当に入れないで」っ

　　　　　　て言うから困ってる。「何、入れる？」って聞いたら、ヒジキって。私、ヒジキしらないでしょ。だからスーパーでヒジキの煮物買ってきて、あたためて入れる。

支援者 B：え！　E ちゃんでしょ？　E ちゃんが、そんなことを言うんですか？

学習者 S：そう。いやだって。

学習者 A：うちのも言うね。困るよね。

学習者 K：そうね。私も言われた。

ファ　　　：え！　F 君もそんなこと言うの？　びっくり。

学習者 K：今は言わないけど、前ね。5 年生のときかな。

支援者 C：中学生のころ、私も言ったことあります。いやだったの。匂いが。（この学生は、子どもの頃フィリピンから呼び寄せられ、日本で育ちました）それから、私のお弁当は茶色になっちゃった。肉じゃがとか。

学習者 A、K、S：そうね。みんな言うよ。（「当たり前」と言った顔）

ファ　　　：じゃ、何を入れるんですか？

学習者 K：スーパーでお弁当買ってきて、それを弁当箱に入れなおすの。アハハハ。だって日本料理つくれないでしょ。

A さんも S さんも K さんも、そして学生までもが同じ経験をしていました。多文化背景を持つ日本育ちの子ども達が日々の生活の中で葛藤していることを強く感じました。

学習者 K：あと、保険の話ね。電話がきても、ぜんぜん分からない。本当に困る。「私、日本語、分からない。簡単な言葉で言って」お願いしますね。

支援者 B：それは、迷惑電話じゃないですか？　日本語が分からないのは、断るいい理由になりますよね。

学習者 A：銀行で困ります。銀行で振込みができないの。英語がないから。でも郵便局は大丈夫ですよ。郵便局には、いつも英語があります。でも本当に銀行で困ります。

> ファ　　：え？　逆じゃないんですか？　銀行の ATM には英語はある
> でしょう？　スペイン語はあるかしら。
> 学習者 K：いいえ！　銀行に英語がない。郵便局は、いつもあるの。ス
> ペイン語はないよ。

支援者に聞くとこの地域の銀行 ATM は、日本語の表示だけらしいと分かり
ました。

> 学習者 K：あのね、ちょっと違うけど、免許の更新に行ったときに、サッ
> と住所が書けて、褒められて、とても嬉しかった。日本語教
> 室で練習させてくれたから。ありがとうね。

今までは住所を書くときに外国人登録カードを取り出して、そこに書いてあ
る住所を一生懸命に写していたそうです。でも住所の漢字を練習しておいた
おかげで褒められて、とても嬉しかったそうです。

振り返り

> 学習者 A、S：面白かった、いろいろ話せたから。
> 学習者 C：楽しかった、たくさん聞けました。
> 学習者 T、K：たくさん話せました。ありがとうございます。
> 支援者　　：銀行で困るなんて、知りませんでした。知らない話が聞けて、
> 楽しかったです。

3. ファシリテーターが感じたこと

　日本語教室には多様な背景の人が集まりますが、互いの生活を知り、理解
し合うまでにはなかなか至りません。生活マップには普段の活動の枠から離
れてグループで集い、楽しく話しながらその人が困っていることまで話し合
える幅広い可能性があると実感しました。しかし一方で、話を聞く難しさも
感じました。K さんにかかってきた電話は保険の勧誘だったのだろうと実践
のときには考えていましたが、後で K さんが保険料の請求用紙を持ってき
ました。どうも保険料を支払ってほしいという電話だったようです。

　今、生活マップは教室に支援者が足りないときの定番アクティビティに

なっています。生活マップをした後もシートを繰り返し使って、話の続きを
しているペアも出てきました。学習者は「いろいろな話ができるから、本当
に来るのが楽しい」と言っていますし、支援者も「話を聞くのが面白い」と
言います。学習者だけではなく支援者にも多文化・多言語出身者が増えてい
る私たちの日本語教室ですが、「お弁当」で母親に文句を言った学生は、そ
れまで批判的に見ていた自分の母親の苦労を思いやり、改めて感謝の気持ち
を伝えたそうです。

　「友達と同じお弁当であることが、どうしてそんなに大切なのだろう」と
参加者みんなで話し合ってみれば、同質性を要求する日本社会のあり方が見
えてくるかもしれません。誰にとっても暮らしやすい社会にするために何が
できるのかを考える機会を与えてくれるのが、生活マップの良さだと思いま
す。互いをよく知ることが理解につながり、そこから多文化共生社会づくり
への道が見えてくると期待していますが、まずは楽しくできることを大切に
しています。そんな楽しさを通じて人間関係が育まれ、共に課題を解決して
いこうという意識が生まれるのではないでしょうか。

（河北祐子）

【 「生活マップ」実践例 】

----

② どんな「日本語」を学習したいの？

> 実施時間　　：90分
> 参加者　　　：学習者　1名　30歳代
> 　　　　　　　（日本語レベル：初級　母語：ネパール語）
> 　　　　　　　支援者兼ファシリテーター　1名
> 準備したもの：場所カード
> 　・「自分の部屋」「職場」「公園」「居酒屋」などと書いた
> 　　3×4センチ角くらいのカード
> 　・書き込める白紙カード
> 　・A4のカラー用紙数枚

1. ねらい

　「日本語が勉強したいんです」と教室に参加し始めたMさんに、「どんな日本語？」と聞いたら「日本語です」という答えが返ってきました。「日本語がわからなくて困ったことは？」と質問したら、「いろいろあります」という返事です。「たとえば？」と聞いても思案顔で会話が続きません。「買い物は？」「仕事で？」と聞くと、「何とかなります」という返事で、どうしたいのかがよく分かりませんでした。

　今回は、会話を楽しみながら、「日本語がわからない」場面を整理することを目的に生活マップを実施してみました。

2. 活動のようす

　マンツーマンの活動なので、支援者はMさんと一緒に自分自身の生活マップをつくり会話をする参加者であり、ファシリテーターでもあるという一人二役でした。この報告では、ファシリテーターと呼ぶことにします。

場所カードを配る

A4 のカラーの紙数枚と場所カードを広げ、M さんに好きな色の用紙を選ぶ
よう促しました。M さんはピンクを選び、ファシリテーターは薄緑を選び
ました。いかつい風貌の 30 歳代の男性がピンクを選んだのが少し意外だっ
たので、色の好みを聞いてみました。ピンクが大好きで、洋服や持ち物もピ
ンクを選ぶことが多いそうです。子どもの服もピンクが多いと家族写真も見
せてくれました。色に対する文化バイアスがかかっている自分を意識すると
ともに、M さんに対する印象がソフトになっていくのを感じました。

説明する

ファシリテーター：よく行く場所を 10 個選び、好きな順に並べてみて。（自分も
　　　　　　　　　やってみせました）

カードにはルビがふってあるのですが M さんには意味の分からないものも
あり、説明を求められました。その場所で何をするか簡単に例示すると、「あ
あ」と分かったようすでした。
M さんが選んだものは 6 段階になっていて、上から順に図 1 のようになっ
ていました。

グループで話し合う

カードを指しながら、M さんは説明してくれました。

　　　M　　　：自分の部屋、ゆっくりする。あんしん。
　　　ファ　　：お酒を飲む？
　　　M　　　：バッファローのミルク、好き。

そこから、M さんは絵を描いたり、身振り手振りで母国での生活について
話しました。ネパールでは大きな牧場で、牛とバッファローを飼っていて、
バッファローのミルクは牛より濃くておいしい、ミルクを煮て泡立て器で混
ぜるそうです。また、バッファローの油で料理をするととても美味しいと懐
かしそうな目をして話してくれました。

次の2か所は「職場」と「日本語教室」でした。

M ：仕事好き、早く起きて準備。よいこと。

子どものころから、お母さんが働くことの大切さ、喜びを教えてくれたそうです。

M ：（日本語教室のカードを指さしながら）楽しい。友達いる。

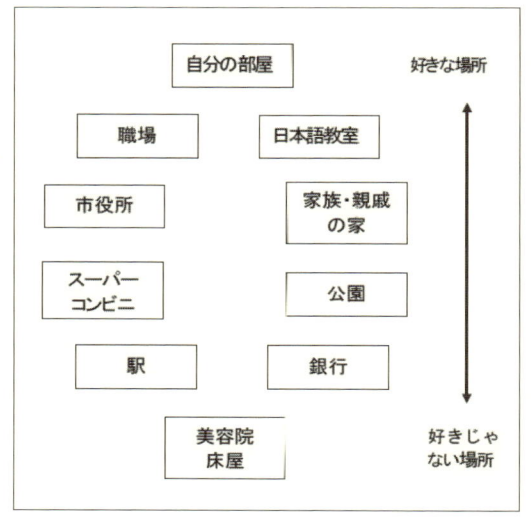

図1　日常生活で行く・過ごす場所、上から好きな順

その下の「市役所」は手続きなどで行くのかと思ったら、市役所で開かれている別の日本語教室のことでした。市内では毎日どこかで日本語ボランティア教室が開かれているので、地域に慣れないうちは複数の教室に通う人が多くいます。Mさんは、仕事の時間を調整して、2つに通っているとのことでした。

M ：（「公園」のカードを指さしながら）日曜日にさんぽ、のんびり、池のさかな（鯉）、パン。

同じ地域に暮らしているので、よく知っている武蔵関公園のことだと分かりました。Mさんがパンを投げているようすが目に浮かびました。母国では朝はいつも30分くらい家族で散歩していたことを懐かしそうに語ってくれました。どんな光景なのかなあと想像しながら話を聞いていました。

ファ ：他によく行く場所がある？

M ：OCEANの日本語は？

ファ ：OCEANと書いてもいいよ。

M ：日本語は？

ファ ：うみ

　　　M　　　　：（ひらがなで書いて）かんじもれんしゅうします。

次に、考えながら「くうこう」と書きました。

　　　M　　　　：じどうしゃのうんてん、れんしゅうするところは？　がっこ
　　　　　　　　　う？

　　　ファ　　　：教習所？

「きょうしゅうじょ」がうまく書けず、書いてほしいと言い、書いたものを
写します。自分で「じどうしゃの」を付け加えました。仕事で食材を運ぶと
き運転する必要があるので、英語で学べる自動車学校に通っているそうです。
さぞ忙しい日々だろうなあと思いました。

説明する

　　　ファ　　　：じゃあ、日本語を使う場所と使わない場所に分けてみて。

Mさんは、考えながらカードを並べ、3つに分けました。（図2）

話し合う

　　　ファ　　　：自分の部屋では日本語は使わないよね。車の中も一人だし。

　　　M　　　　：東京のタクシー、英語だいじょうぶ。くうこうも英語。

　　　ファ　　　：ああ、そういうこと。タクシーは英語で大丈夫？

　　　M　　　　：はい、東京のタクシー、全部英語だいじょうぶです。

Mさんは「車の中」を「タクシーの中」と思っていました。たしかに人によっ
て「車」で思い浮かべるものは違うでしょう。東京のタクシー運転手が英語
ができるとは知りませんでした。Mさんの方が知っている東京事情もある
んだなあと納得しました。

　　　ファ　　　：どこのデパ地下に行きますか？

　　　M　　　　：新宿。おいしい、たくさんあります。料理、好きです。

Mさんは、まず日本語を使わなくていい場所と使う場所の2つに分け、さ
らに使う場所を「何とかなる」「いっぱい使う」「大変だから通訳が欲しい」
と説明しました。ここでやっと最初に言った「何とかなる」の意味が分かり
ました。具体的な場面では、身振り、手振りと多少の日本語と英語で用が足

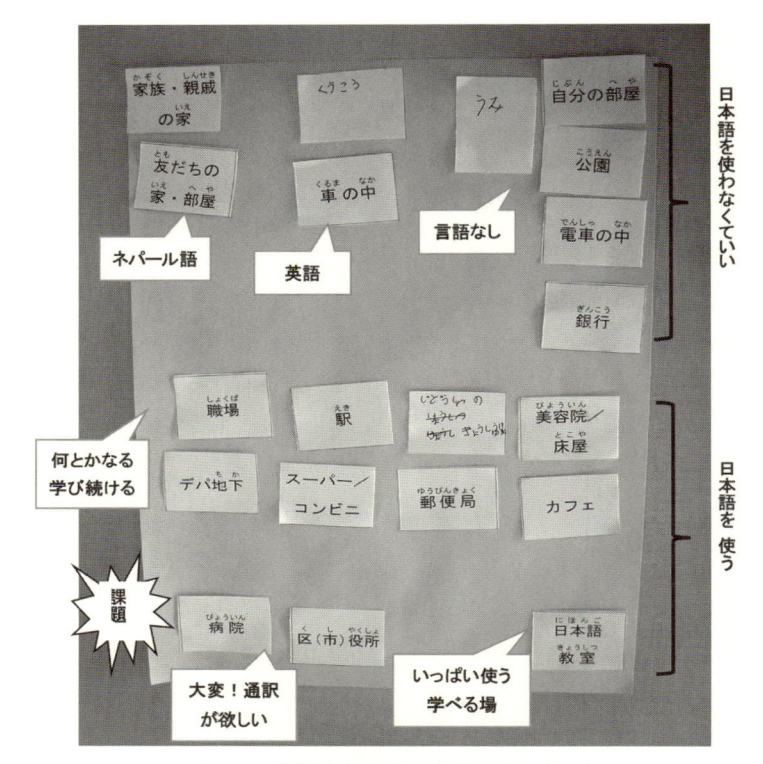

図2　日本語を使う場所と使わない場所

せるということだったのです。ただ、もっとうまくなりたいと思うのもこの
場面の日本語でした。

一番下の3つが日本語がとても必要な場所で、日本語教室では練習できる
けれど、病院と市役所は分からなくて大変なので、通訳がいれば助かるそう
です。

この後、ファシリテーターの生活マップについて、Mさんから質問が出て、
スポーツジムの話になり、自分も行きたいと言っていました。また、Mさ
んは、職場（料理店）のメニューの読み方をお客さんから教えてもらったり、
色々な場でコミュニケーションを取りながら日本語を身につけているようす
を話してくれました。

振り返り

> ファ　　：どうでしたか？
>
> M　　　：時間、はやかった。楽しかった。たくさん話しました。楽しかっ
> 　　　　　た。またしたいです。この紙、持ちます。いいですか。
>
> ファ　　：はいどうぞ。またやりましょう。

3　ファシリテーターが感じたこと

　日本語は独学で、耳から少しずつ覚えているという M さんですが、生活マップがあることで、90 分の会話は M さんの方がたくさん話し、休み無しにお互いに会話を楽しむことができました。最後に「時間、はやかった。たくさん話しました。楽しかった」と満足そうににっこりしたのが印象的でした。

　初級レベルでも、場所カードがあることで支援者の質問に答える形ではなく自分が話したいことを自分で選択して日本語で話すことができ、話がどこまでも広がっていきました。バッファローミルクの美味しい飲み方の話などは、M さんの連想が広がるカードなくしては出てこない貴重な話題だったと思います。

　日本語を使う場所と使わない場所という分類でも、使うか使わないかというより、自分一人で過ごし発話が不要な場所、英語や母語で過ごす場所、日本語に多少困っても何とかなる場所があり、たくさん使う場所にも、練習する場所と必要に迫られ使わなければいけないのに使えない場所と細かい認識がなされていました。そういう多様な言語生活がカードを並べることで視覚化でき、その状況を初級レベルの日本語で説明してくれました。「何とかなる、学び続ける」と言ったカテゴリーの日本語について、M さんは、お客さんとのやりとりでメニューの読み方を覚え、日本語教室で話し合う中で疑問を解決していました。日々の生活や人間関係の中で日本語コミュニケーション力をつけるという状況はこういうことかと思いました。

　好きな場所ランキングの上位に、自分の部屋に続き 2 つの日本語教室と職場が上がっていました。「なぜ？」と聞いたファシリテーターに「あんしん、たのしい、ともだち」という答えが返ってきましたが、そこでは自分が受け

入れられており、対話のできる相手がいるということなのでしょう。そういう場が広がっていくことで、地域社会が快適でより安心できる場所になっていくのでしょう。

　この実践を聞いた仲間から、「自分の言語使用状況を整理しながら今後の学習に向けての優先順序までが視覚化できていて、学校に通わず地域で自律学習を続けるしかない人へのエールになっていますね」と言われました。教育機関で教えつつ地域日本語の現場でボランティアを長く続けてきたことから、参加型学習教材を使う際も無意識のうちに教師としての意識が働いているのかもしれません。ただ、Mさんが学び続けるのに伴走する支援者としては、まず彼に自分の状況を把握してもらい、それを共有することは大事なことだったと思います。

（山辺真理子）

【 「生活マップ」実践例 】

----

③　3週連続実施すると、見えない場所が見えてきた

> 実施時間：各回 30 分、3 週連続
> 参加者　　：学習者　（日本語レベル：初級）
> 　　第 1 週　5 名（母語：中国語、韓国語、インドネシア語、タイ語）
> 　　第 2 週　7 名（前回参加の 5 名＋新規 2 名　母語：中国語、韓
> 　　　　　　　　国語、インドネシア語、タイ語、ベトナム語）
> 　　第 3 週　3 名（前回、前々回参加の 3 名　母語：インドネシア
> 　　　　　　　　語、タイ語、ベトナム語）
> 　　　　　　　　（この回は幼稚園の入園説明会があり、欠席者多数）
> 　　支援者　2 名、うち 1 名がファシリテーター

1. ねらい

　地域日本語教室の機能のひとつに教室参加者の地域参加が挙げられます。私たちの日本語教室では、地域参加を目指して外国人を講師にする料理教室など種々のイベントを企画し、スピーチ大会も実施しています。人前で話す場合は仲間うちのおしゃべりとは異なり、「〜です」「〜ます」に代表される丁寧な話し方が必要になりますが、ここにも日本語教室の役割のひとつがあるように思います。

　教室参加者の中には単語レベルの発話から脱しきれない人たちがいます。地域参加を意識することにより、「〜です」「〜ます」を使って話せるようになることをねらいに、生活マップを活用して自らの生活の場を考え、話し合う活動を実施しました。

2. 活動のようす

＊第１週

準備したもの：場所カードを印刷した場所シート

2cm×7cm のポストイット（１人 10 枚）

ファシリテーター：（場所シートの〇をさして）ここに名前を書いてください。

「漢字」に関心を示し始めたグループなので、漢字から始め、「生活マップ」活動への積極的な参加を期待しました。

説明する

　　ファ　　：（場所シートに書かれた漢字をさして）これは何ですか？
　　　　　　　だれか読んでください。

「わたしの家」「銀行」「郵便局」という漢字は認識してほしいと思い、意図的に使いました。漢字を読める人が読む、読めない人はそれを聞いて仮名をふる。この作業だけでも時間がかかります。

　　ファ　　：「わたしの家」、家はどこですか？

住所や住まいの地名が挙がり、お互いに「どこどこ？」と質疑応答。

　　ファ　　：では、次は「銀行」。銀行に行きますか？　　どこの銀行ですか？

グループで話し合う

銀行の名前がいくつも挙がり、意見交換が始まりました。郵便局についても同様にやりとりが起こります。そのうちに空欄に何が期待されているかを推測できる人がでてきました。「スーパー」「コンビニ」と言う人がいます。

　　ファ　　：そうそう、ほかにどんなところに行きますか？
　　学習者N：サミット
　　学習者S：イトーヨーカドー
などが出てきます。

ポストイットを配る

　　ファ　　：じゃ、その場所をこれに書きましょう。一枚にひとつの場所
　　　　　　　を書いてください。書いたら、場所シートに貼りましょう。

ポストイットに書いてシートに貼る方法をとったのは時間を節約するためです。場所シートの空欄は小さくて書きにくいかもしれません。また、「書く」ことが好きになっている人たちなので、きれいに丁寧に書きたいと願うあまり、気に入らないと何度も書いたり消したりするので時間がかかります。ポストイットなら書き損じたら、新しいポストイットに書いてもらえばいいのです。財布からカードを取り出し、「これはサミット」、「これはサンドラッグ」とカードをメンバーに示しながら書き込む人がいます。スーパーの名前を4つも書く人がいます。使い分けがあるのでしょうか。

配偶者の実家を書く人がいます。とにかく、文字で書くことに熱心で、漢字で書きたがる人がいるため、書き込みにかなり時間がとられました。

病院に関しては、全員が歯医者さんを挙げました。カラオケ、温泉、ダンス教室と華やかな人がいます。「場所」の名前がどんどん出てくるのが見ていて楽しく、また、みんなが地域でしっかり生活していることが実感されます。もちろん「日本語教室」は全員が書いています。

　　ファ　　：あとは、思いついたらまた、書きましょう。「わたしの家」

　　　　　　　　　で何をしますか？　　私は、「寝ます」。Mさんは？

　　学習者M：掃除します。

　　学習者S：洗濯します。

　　学習者O：ゴミを出します。

ここでは、「〜ます」の形に注目してもらいます。

ゴミの出し方が地域によって違うため、話が大脱線。みんなは家の中でも働いているのです。不思議なことに食べる話はでませんでした。

　　ファ　　　：日本語教室では何をしますか？

　　学習者L：（うれしそうに）勉強します！

　　学習者S：楽しい！

次々と「勉強します」が出てきます。「勉強」への憧れと勉強している自分への誇りが感じられるといえば大袈裟でしょうか。それとも、参加者の意識はやはり「勉強」なのでしょうか。

　　ファ　　　：それだけ？

　　学習者N：友達を会います。

　　学習者L：友達を詁します。

と助詞が気になる発言が続きます。「を」の使い方に疑問を感じた人が

　　学習者O：「友達・・・つくります。」

ここで、さりげなく助詞をチェック（ただ、聞いてもらうだけ）。

　　ファ　　　：友だち・・を・・つくります。友だちをつくります。「友達・・
　　　　　　　話します」？　　友だち・・と・・話します。

　　学習者O：みんな（わたしたち）、（日本語が）わからない。みんなイメージ。
　　　　　　　イメージ（で話すけれど）、わかる。イメージ（で）、話します。

　　学習者S：イメージ、何？

口々に説明が始まり、全員が「イメージしながら話をしている。それだけだけれどわかる」という結論に納得しました。

終了時間になっても発言は続きます。5分延長してやっと終了。12時には子ども部屋（お母さんが連れてくる小さい子どもを預かる部屋）に子どもを迎えに行く約束になっているお母さんは大慌てで部屋を出ました。

＊第2週

> 準備したもの：場所シートとポストイット（1回目の欠席者分）

　「生活マップ」活動の1週目は、参加者それぞれが思いつくままにポストイットに生活の場を書きこみ、それをシートに貼りました。第2週は、それを元に一つひとつの場について話し合うことから始めました。

場所シートを配る

前回、欠席した2名に場所シートを配布します。
　　　ファ　　：前のこれ（場所シートを見せながら）、持っていますか。
かばんから生活マップ図を取り出す人、机の上を整理して探し出す人など、ガサガサした後、全員がマップ図を自分の前に広げました。
　　　ファ　　：前にこれで何をしましたか。覚えていますか。前、いなかった人にだれか説明してあげてください。

説明する

Lさんが説明をしてくれました。実に明快で的確。前回、参加していた人たちがうなずき、初体験の2人も納得できたようです。
Sさんのノートが目に入りました。前回の活動を元に自分なりの生活マップがきれいに清書されています。
　　　ファ　　：Sさん、自分で書いたのですか？　どこで？
Sさんは教室外の活動で生活マップを話題にし、支援者といっしょに書いてみたと言います。
　　　ファ　　：今日はみんながよく行くところをいっしょに考えましょう。

グループで話し合う

　　　学習者　　：スーパー。

前回、全員がそれぞれに行くスーパー名をポストイットに書いています。い
くつも書いている人がいます。

　　　ファ　　：なんというスーパー？

名前が挙がりますがコンビニ名も混ざっています。みんなでスーパーとコン
ビニを分類し、整理しました。この作業はさして重要ではありません。しか
し、みんなに自由に気軽に口を開いてもらうよい機会と捉えました。

　　　ファ　　：スーパーで何をしますか？

　　　学習者M：買いものをします。

　　　学習者S：食べ物。

　　　学習者O：飲み物。

　　　学習者A：野菜。

　　　学習者N：肉。

などが挙がります。

　　　ファ　　：今、野菜はどうですか？

　　　学習者U：高い。

　　　ファ　　：どうして？

　　　学習者R：冬だから。

　　　学習者A：雪、車がとまる。高い。

現状をちゃんと知っているのです。支援者Nさんが、みんなの発言をまと
めて、今、大雪で輸送がとまり、野菜の値段が高騰していることを説明しま
した。これに対して、ワイワイガヤガヤが始まり、輸送に時間がかかれば野
菜が悪くなるとの意見が出ました。

　　　ファ　　：買ったものが悪かったらどうしますか？

　　　学習者N：高い、大丈夫。安い、悪い。

　　　学習者S：かえします。

　　　学習者R：交換します。

　　　学習者L：チェンジします。

と口ぐちにあがります。それらのことばを支援者Nさんが丁寧にホワイト
ボードに書いていきます。みんなはそれを写しながらも、口はとまりません。

　　　　学習者M：かえす、レシートがいる。

1週間以上経過していると、返品不可という意見もでました。レシートはいっぱいあり、それをまとめて買い物の計算をするという話から、家計簿の話に発展しました。ほとんどの人がつけているようです。いっぱいで面倒だから配偶者に頼む人、5万円ずつ財布に入れてなくなったらまた5万円入れる、でも、使いすぎなので、これから節約しなければいけないと話す人もいます。ここで家計簿、節約などの語彙の紹介と話し合いに魅かれましたが、時間の制約で先を急ぎました。「節約」の話はみんなで話し合いたいテーマです。スーパーの話に戻ります。

　　　　ファ　　　：スーパーで買い物をして、それからなにをしますか。

　　　　学習者U：お金を払って、袋に入れて、家に帰ります。

　　　　学習者A：袋は自分で持っていく。

　　　　学習者S：時々、もらう。（あ、と気づき、あわてて）もらいます。

　　　　学習者L：その袋はゴミを入れて捨てる。

などから、マイバッグの話に発展しました。カバンからスーパー用のマイバッグを出して見せてくれる人もいました。

　　　　ファ　　　：じゃ、次はコンビニの話をしましょう。コンビニで何をしますか。

　　　　学習者N：お菓子を買う。

　　　　学習者R：アイスクリームを買います。

　　　　ファ　　　：スーパーと何が違うのでしょう。

　　　　学習者S：コンビニのほうが小さい。

　　　　学習者U：狭い。

　　　　学習者N：高い。

　　　　学習者L：（レジが）はやい

　　　　ファ　　　：どうして高いのにコンビニで買うのですか。

　　　　学習者A：近い。

　　　　学習者R：便利。

　　　　学習者M：スーパーは遠い。

なるほど、まさにコンビニですね。このあたりで、ファシリテーターは「〜です」「〜ます」への注意を怠ってしまいました。話が途切れることなく、みんなの口からことばがスラスラと出てきます。

　　　ファ　　　：ほかに何かしますか。

　　　学習者 L：電気代、水道代を払う。

「電気、ガス、水、電話は銀行引き落とし」と言う人もいましたが、コンビニの話はまだまだ続きます。「荷物を送る」など宅急便の話、有料ゴミ袋、粗大ごみのチケットなど、スーパーよりコンビニが日常生活に密着していることをみんなで再確認しました。

「荷物を送る」→「国へ送る」→「一時帰国」へと話が進みました。近いうちに一時帰国するという人がいて、話題は空港に移りました。場所シートに数人が「空港」を書き入れています。

　　　ファ　　　：空港はどんなところですか。

成田空港は「（自分の）国の入り口」ということばが出て、みんなが同意しました。空港の先は「出身国」であり、その先の「育った家」「親の家」がどの人の場所シートにも書かれています。さらに進んで、パスポートの話になりました。お母さんは出身国の、子どもは日本のパスポートを持つ人が何人もいます。突然、思い出したように、今春、一時帰国するが、子どもは何日間ビザなしでオーケーかと質問した人がいました。事情は国によって違うらしく、満足な返答が得られなかったようです。

ここで終了時間になり、子どもを預けている人は大急ぎで子ども部屋に向かいました。今回も「振り返り」の入り込む余地はありません。来週も生活マップの続きをすることを告げて解散しました。

＊第3週

準備したもの：国際交流基金日本語国際センター

「みんなの教材サイト」から4枚の写真（B4サイズ
各1枚、はがきサイズ　人数分）

生活マップ活動を2週連続で行って感じたのは、場所シートに書き入れられた日常生活の場以外に、学習者の意識の奥深くに潜んでいる「場所」があるのではないかということでした。とくに、異文化の中で暮らしている場合、日常の意識から遠ざけられた「場所」があるのではないか。それを引き出し、みんなで話し合ってみたい。そうすることにより、参加者は自分に気づき、他者の想いを知り、共感したり感動したりして互いを認め合い、人間関係が深まるのではないかと考えました。

そこで、参加者のさらなる想いが引き出せるよう前2回の生活マップのスタイルを変え、フォトランゲージの手法を活用することにしました。

場所の写真を配る（フォトランゲージの活用）

潜在意識に迫るにも、まず、日常から入る必要があるでしょう。そこで、食と生活の場を切り口に4枚の写真（駅の立ち食い、ファミリーレストラン、居酒屋、高級そうなレストラン）を机にひろげました。写真の読み解きには時間をかけず、見比べる程度にして写真を回収し、次にはがきサイズにコピーした同じ写真を各自に4枚ずつ配りました。

グループで話し合う

　　ファ　　：どこで食べたいですか。好きな順に並べましょう。

3人とも、一番好きな場所はファミリーレストランで、子どもが好きだからがその理由です。その後の順位の説明でも常に子どもが中心になります。

> ファ　　：一日ぜんぶ、子どもの世話をしなくてもいいから、自由に過ごしてもいいよと言われたらどこへ行きたいですか。
>
> 学習者U：日本の大学に行って、（これまでしていた）専門の勉強をしたい。
>
> 学習者A：私も学校へ行きたい。日本語を勉強したい。
>
> 学習者U：日本語はママトモと話していたら、上手になるから学校へ行かなくてもいい。
>
> 学習者L：児童館でお母さんたちと話すから大丈夫。
>
> 学習者A：子どもが学校に行くようになったら、（私が）日本語を正しく話せないと困る。日本語の学校へ行きたい。

などが続きました。そのうち、

> 学習者L：日本の幼稚園では、ないから心配。
>
> 学習者U：そう、心配。
>
> 学習者A：私は家でしている。

私ひとりが理解できない話題が広がります。

> 学習者U：これ、なに？

と＋－×÷をノートに書いて質問する人がいて、3人の話から出身国では公立の小学校入学にあたり、足し算や引き算のテストがあることがわかりました。そのため、幼稚園では算数や文字を教えていると言います。それが日本ではないので、数年先に帰国して出身国の小学校に入学させるというLさん、Uさんは心配だと言います。Aさんは日本に住み続けるため、自分の日本語が心配だから日本語学校に行きたいと言います。

帰国予定の2人は、帰国後、子どもが日本語を忘れるのは「もったいない」からどうするかという話題に移りました。大学で中国語の教師をしていたUさんは大学に戻るが、日本人留学生が多いので日本語を話す機会はあるから気にしていないと言い、Lさんは日本語も英語も大事だから、インターナショナルスクールに入れるかどうか今考えていると言います。Aさんは、子ども（Jくん）には自分のことば（タイ語、ラオス語）で話し、夫は日本語で話して

いる。また、Ａさん本人が英語も教えていると言います。さらにタイ語の文字、アルファベット、ひらがな、カタカナもＪくんは習っていると言います。母語はアルファベット表記だけのＬさんとＵさんから何種類もの文字を学ばなければならないＪくんに対し、「たいへん」と同情の声があがりました。ここですでに終了時間を5分も延長。子どもを預けているＬさんは急いで子ども部屋に向かいました。今回も振り返りはできませんでした。

3. ファシリテーターが感じたこと

　本来、活動には「振り返り」が求められ、終了時間の少なくとも5分前には活動をやめて振り返りに入るのがよしとされています。けれど、発言の流れを止める勇気がファシリテーターにはありませんでした。それほど、参加者には「言いたい」ことがあり、たえず、だれかが何かを、時には複数の人が同時に発信していたのが印象的でした。

　第1週では、イメージでわかり合っているというＯさんのことばに考えさせられました。日本語を母語とする私たち日本人は、日本語を話すことによってわかり合えると言えるでしょうか。互いに日本語が不十分だと納得し合っている人たちの間では、ことばの不足をイメージが補うと了解されているように思えました。

　第2週では、参加者全員が「生活者」であることが伝わってきました。また、日本人からは出てこない場として「空港」が挙げられましたが、空港は母国への入り口であるということばから故国への想いを感じました。

　第3週では、「お母さん」の立場から離れることのない話し合いが続きました。今回の話し合いがなければ生活マップにおそらく記されることがなかったであろう「場所」が意識化されたことを興味深く思います。深層に潜む「場所」は、前半では「日本の大学」、「日本語学校」であり、話し合う中で「ママトモと話す場」「児童館」「将来、子どもが通う地域の小学校」が出てきました。その後、「子どもが今、通っている幼稚園」が話題になり、「出身国の幼稚園」との対比が語られました。後半では「将来、子どもが通うであろう出身国の小学校」、「過去に働き、帰国後、また働くであろう大学」が

意識化されました。

　日本語習得に関しては、将来、帰国予定の 2 人はママトモと話していれば上手になると言い切ります。一方の日本に定住予定の A さんはママトモはいるけれど、それだけでは満足な日本語は期待できないと日本語学校への憧れを語ります。

　3 回の活動を通して、彼女たちは日本語で聞き、聞いて思いついた自分の言いたいことを日本語で話しましたが、自分の中に「言いたいこと」が生まれ、それが言える場があれば、言語は習得されていくように思えました。ただし、ねらいとした丁寧な話し方への喚起は「日本語の問題」としてファシリテーターを悩ませました。関係者が自由に思いつくままに話している場では、「〜です」「〜ます」が不自然に感じられ、「〜です」「〜ます」抜きで話したいとの欲求にファシリテーター自身が駆られたのです。相手との関係と深く結びついた日本語の文体は悩ましく、日本語学習者には厄介な問題だろうと思います。今回、うまく誘導できなかった丁寧な話し方は、今後の課題としてスピーチ大会への出場やイベントの講師を務める機会などをとらえて、さらに取り組み続けたいと思います。

　上記のような学習者が集まる私たちの日本語教室は多文化共生社会を目指していますが、マジョリティの日本人側が変わらなければ日本社会は変わらない。日本人の意識が変わるそのきっかけはまず外国人を知ることではないでしょうか。生活マップはその恰好の機会を提供してくれる活動のように思えます。

＜コラム＞

生活マップの活動などを通して、教室参加者同士の関係が深まり、教室を離れても関係づくりは続きます。出身地がそれぞれに異なり、したがって母語の異なる参加者たちが「イメージ」でわかり合って交流を深めていきます。

- S さんのお誕生日のお祝いに L さんの家に何人も集まって楽し

いひとときを過ごしたという報告がありました。笑顔の写真が満ち足りた時間を物語っていました。

- 昨春、学習者 K さんの配偶者（日本人男性）が急逝されました。その通夜と告別式に学習者が数人参列しましたが、全員が配偶者（日本人男性）同伴でした。夫婦、家族でのお付き合いを楽しんでいたそうです。その後、K さんは母国と東京を行ったり来たりの生活をしていますが、無人になる家の留守番役は地域日本語教室の仲間（学習者）が務めています。

（宮崎妙子）

【 「生活マップ」実践例 】

----

④ 支援者が、使いたい！使える！と実感することがスタート

```
実施時間　　：40分
参加者　　　：受講者　36人（5〜6人のグループ）
　　　　　　　講師兼ファシリテーター　1名
準備したもの：場所カード
　　　　　　　A4のカラー用紙　1人1枚
```

1. ねらい

　地域日本語教室に、いわゆる学校型の教育はそぐわないことに気付いた自治体関係者や国際交流センターなどでは、活動中のボランティア対象のフォローアップ講座に、文法理解や教授法ではなく、教室活動の提案や、「居場所」についての理解を促す内容を組み込むところも多くなってきました。頭で概念を理解しても具体的な活動案がなければ、なかなか活動実践にはつながりません。また、支援者一人ひとりが、新しい教室活動に踏み出すには、自分自身が楽しいと感じたり、有効だと思うことが重要でしょう。

　この実践例は、活動中のボランティアに向けた連続講座で「居場所」や参加型学習についての概念を説明したのち、実際に「生活マップ」を実施した時の記録です。受講者は、その自治体の複数の地域日本語教室所属の支援者と交流協会などに所属するスタッフで、ほぼ面識のない人たちでした。教室活動に「生活マップ」を取り入れてもらうことを目的に実施しました。

2. 活動のようす

　アイスブレーキングのあと、参加者同士がリラックスし話しやすい関係ができたところで、「生活マップ」に入りました。

場所カードを配る

受講者が行きそうな場所を書いたカードと、同じ大きさの白紙のカードを数枚、封筒に入れたものと A4 のカラー用紙を 1 枚各自に配ります。

説明する

ファシリテーター：先週 1 週間を思いうかべてください。みなさん、どこに行きましたか？　どこで時間を過ごしましたか？　行った場所、よく行く場所を 10 個選んでください。なければ、白い紙に書いてください。

自分の日常生活と日本語教室の活動がどう結び付くんだ？といういぶかしげな表情の人も、目の前の封筒の中身は見たいのか、場所カードを出して並べ始めます。すぐに 10 個決まる人、5 個くらいで止まる人など様々ですが、初めてのことを楽しもうという雰囲気で活動が始まりました。

グループで話し合う

　　　ファ　　：どんな場所がありますか。周りの人と見せ合ってみてください。
　　　受講者　：あ、それ忘れてた。（自分のカードに同じものを追加する）
　　　受講者　：へー、色んな所に行ってるんですね。そこで何をしてるんですか。
　　　受講者　：山登りが趣味？　わたしも！

支援者は、人が好き、話が好き、という人が多いようで、一部では趣味の話や場所の情報交換が始まりました。

説明する

　　　ファ　　：では、居心地のいい順にランキングしてください。同じくらいという場所はまとめて並べても大丈夫ですよ。
　　　受講者　：ここは大人の判断で（職場を上の方に置きながら）
　　　受講者　：上司に内緒。（舌を出しながら、「職場を」一番下に置く）
　　　受講者　：居心地がいい・・・。う〜ん、上にはないなあ（すべてのカー

ドを真ん中から下に並べながら）

独り言を言いながら並べる人、迷いながら、順序を入れ替える人、すぐに並べ終わり、周りを眺める人、隣と見比べて話を始める人がいます。

グループで話し合う

受講者　：どうしてその順番なの？　（隣の人に向かって）

受講者　：・・・（笑顔で無言）

受講者　：えー、おもしろい！（隣の人のマップを見ながら）

ファ　　：では、またお隣の人や周りの人と見せ合ってください。

一人で考えていた人も周囲を見回しだします。

ファ　　：どうして居心地がいいんでしょう、悪いんでしょう。何が原因なんでしょうか。

受講者　：用事があるかないか。

受講者　：やりたいこととやらなくてはいけないことの違い？

受講者　：人と一緒にいられる場所とそうでない場所。

受講者　：私は一人がいいな。

受講者　：それは好きな人がいるかどうかでしょ。

受講者　：（隣の人に向かって）銀行が上と下にあるのは？

受講者　：払込みに行くのは嫌だけど、給与振込後は嬉しいから。

ファシリテーターに向かって話す人。テーブルメンバーと話し合う人。隣の人と笑い合う人など様々です。しばらく時間を置いてから次の問いかけをしました。

ファ　　：居心地の悪い場所は、どうしたら居心地のいい場所になるんでしょう。

受講者　：それは気の持ちよう。

受講者　：病院は嫌だけど、待ち時間や待合室が改善されれば、多少居心地がよくなると思うよ。

受講者　：前の上司の時は居心地がよかったんだけどなあ。

テーブル内で話が弾み、笑顔が見え、笑い声がたくさん聞こえてきます。ま

だまだ話は続きそうでしたが、自由会話を中断してもらい教室活動に意識を戻してもらいました。

> ファ　　：では、自分の教室の学習者に思いを馳せてみましょう。
> 受講者　：X さんはあまり行く場所がないんじゃないかなあ。
> 受講者　：日本語がわからないと大変なことがいっぱいありそう。
> 受講者　：病院なんか大変そう。
> 受講者　：学習者はあまり行く場所がないんじゃない。
> 受講者　：わたし、学習者に誘われて、イベントに参加したけど。彼らの方がいろんなところに行っているみたい。

活動中の支援者たちが多く、自分たちが関わってきた人たちや今の学習者たちのことを思い浮かべて、色々な状況があることが共有されました。

振り返り

> ファ　　：「生活マップ」はいかがでしたか？　各グループで話し合って、全体に発表してください。

受講者 ：とても楽しくて、あっという間に時間がたちました。それぞれの生活の場が見えて、色々な活動に発展させて行けそうです。やってみたいです。

受講者 ：学習者と楽しく会話が弾む活動だと思います。また、自分の活動圏が見え、自分の生活を見直すこともできると思いました。私自身は、職場と自宅とスーパーしか行っていない自分に愕然としました。また、たくさん趣味のある人がいらして、自分も新たなことに挑戦しようという気になりました。

受講者 ：小さなカードが話を引き出していって、興味深い体験でした。ただのお喋りと受け取られないよう、この活動を上手にまとめて行けるといいなあと思いました。

受講者 ：居場所がたくさんあるといい、とても楽しい活動だという意見も出ましたが、教科書で勉強したいという人が多いから、取り入れるのは難しいだろうという意見もありました。

受講者 ：似たような活動をやっているけど、場所カードを使うこの活動もやってみたいという意見が出ました。ただ、個人のことを聞き出すと捉える人がいるかもしれないので、人によっては難しいかもしれません。

この時点では、「生活マップ」の使用に関して7割強は前向きでしたが、懐疑的な人も3割弱はいたようでした。

続いて、実際の教室活動での学習者を交えての実践例（「どんな日本語を勉強したいの？」他）を紹介しましたが、その後は、「使ってみたい」という大きな声が上がりました。講座終了後のアンケートには、「グループ内で『使えるね、使いたいね』という声がたくさんありました」「自分でも『よくいく場所』の活動はするが、つい『なにで行きますか？』『どうしていきますか？』など教師主導になってしまう。お互いのおしゃべりを中心にしたい」「共通の話題を見つけ会話が弾む教室にしていきたい」といったコメントが書かれていました。

3. ファシリテーターが感じたこと

　振り返りで語られた言葉の中に、「教科書で勉強したい人に対しては取り入れるのは難しい」というコメントがありました。参加型学習教材を使うかどうかを決める自由、使わない、すなわち参加しないという自由は保障されています。ただ、使い方は色々あります。地域日本語教室は週に 1 回 2 時間という所が多いようですが、実践例 **3** のように 30 分と区切って使うこともできます。ある教室では、活動時間の一部を使って生活マップを時々取り入れてきたことで、教科書での勉強も対話のある参加型になってきたという感想を聞きました。生活マップを実際にやってみると、自分について語ることに喜びを見出したり、日本語で語り合うことが学習につながることを実感する人が多いようです。

　また、「個人のことを聞き出す」のが心配な人にこそ、この教材を使ってほしいと思います。それは、カードを並べながら話す行為は、自分で何を語り何を語らないか選択できるからです。

　一方、「生活が見える」「生活の見直しにつながる」「カードが話を引き出す」「会話が弾む」「居場所が多いといい」がありましたが、支援者同士の活動でも「生活マップ」のねらいとする、人間関係づくり、課題の解決につながる感想が出ており、多様な文化的背景を持つ学習者たちと共に行う実際の教室活動では、より豊かな実践が展開されるのではないかと思いました。「会話が弾む」という感想には受講者がこの活動を楽しんだことが表されており、自分の教室に戻ってから実践されるだろうと期待がふくらみました。

　生活マップを実践した後に、実践例を示すことで、自分たちの教室に参加する学習者のことに思いをはせることができ、使ってみたいという声が大きくなったと思われます。質問の主導権を支援者が握ったままでは、話題の広がりにも限界がありますが、場所カードの助けを借りて、学習者が自分で話題を選択することで、教室では見えない生活空間が見えてきたり、母国の話や思い出など時空を超えた話題も広がります。

　「会話が弾む教室」では、笑顔と人間関係が育まれ、言いたいことを言うために日本語コミュニケーション力も自ずと磨かれていくでしょう。このよ

うな肩の力を抜いた活動が広がっていけばと思います。

＜コラム＞

ある教室のフォローアップ講座で生活マップを紹介し、みんなで
やってみたときのことです。Ｙさんの行きつけのケーキ屋さんでは
BGM にフランス語の放送が流れていて、それが心地よいという話
から、彼女が小学校高学年までフランス語圏に住んでいて、今も保
持していることがわかりました。この地域では、乳幼児健診や予防
接種時に通訳ボランティア派遣を行っており、フランス語の通訳が
できる子育て経験者を探していました。Ｙさんのおかげで、コート
ジボワールなどの出身の保護者たちは安心して育児相談ができるよ
うになっています。

（山辺真理子）

【　部屋の四隅　】

　「部屋の四隅」とは、ファシリテーターの質問に応じて参加者が自分の考えに最も近い隅に移動する活動です。部屋の四隅には とても まあまあ あまり ぜんぜん などと書いた紙を 1 枚貼っておくこともあります。参加者が四隅に移動した後、なぜそう思ったかについて全体で意見交換をします。次のような目的で使うことが多いです。

- ・アイスブレーキング
- ・参加者を知る
- ・学習への導入
- ・グループ分け

ねらい：地域の日本語教室では学習者は日本語レベル別に分かれて学習している場合が多く、また一般的に学習は座ったまま行われるため、レベルの違う学習者同士が共に学習する機会はあまりありません。「部屋の四隅」では、学習者と支援者の全員が参加するので、お互いを知り交流を深める中で、気軽に会話が交わせる雰囲気ができてきます。また、やり方は簡単なので、何度か経験すれば学習者にもファシリテーターになってもらうことができます。ぜひ試してみてください。

基本的な活動の進め方

準備するもの：「部屋の四隅」を使う目的（アイスブレーキング、参加者を知る、など）を明確にして、その目的に沿った質問をいくつか考えておきます。一つの質問に対して答えを 4 種類用意します。絵でもいいでしょう。答えは部屋の四隅に貼っておくか、質問が出されたときにだれかが持って掲げましょう。

人数　　　　　：10 人以上
日本語レベル：初級から

ファシリテートの仕方：

 説明する

質問に対して、部屋の四隅にある４つの答えの中から自分の気持ち
にいちばん近いところに移動するように説明します。

 質問を出す

質問をしてから、「移動してください」と大きな声で言います。

 理由を聞く

なぜその答えを選んだのかを数人に聞きます。

 「質問を出す」「理由を聞く」を繰り返す

質問数は３つくらいが適当です。

振り返り

気づいたことについてグループごと、または全員で話し合いま
す。

留意点：ファシリテーターは、元気でポジティブなイメージが大切だと
思います。「よくわからないけれど、この人の指示に従ってみよう」と思っ
てもらえなければ「部屋の四隅」は成り立ちません。明るく大きな声でにこ
やかに発信していきましょう。質問はあまり考えずにすぐに答えが出る具体
的なものから、少しずつ考えるものへと並べた方が参加しやすくなるでしょ
う。また、全員が同じ隅に集まるような質問ではなく、参加者の多様性が見
えるような質問を考えた方が活動に広がりと深みが出るでしょう。

【 「部屋の四隅」実践例 】

----

⑤　日本語学習は母語からスタート！

実施時間　：20分
参加者　　：学習者　32名（日本語レベル：入門～上級近く
　　　　　　母語：英語・スペイン語・タイ語・タガログ語・中
　　　　　　国語・ハンガリー語・ハングル・フランス語・ベト
　　　　　　ナム語）
支援者　　：10名
準備したもの：4つの質問と各隅用のカード

1.　ねらい

　私たちの日本語教室は1年を4期に分けて開いていますが、初日は学習者と支援者の顔合わせをし、学習のためのグループ分けをします。このような場合、通常なら自己紹介をするところですが、日本語レベルが入門から上級近くまで混在している上、学習者と学習支援者を併せると40数名という大人数になります。そこで、参加者を知ること、グループ分けをすることをねらいとして「部屋の四隅」をすることにしました。

　全員が参加し、一斉に動き、集まったり分かれたり、話したり聞いたりするうちに緊張がほぐれ、気持ちもリラックスしてくるだろうことを期待しての活動です。

2.　活動のようす

　さほど大きくない部屋に40数名（学習者と支援者）が名札をつけて、壁を背に輪になって立ちました。それぞれの名札には好みの文字で名前が書かれています。平仮名や片仮名もあれば、漢字もあります。見たことのないような珍しい文字もあります。

　ファシリテーターが用意した質問は、①「おはようございます」を母語で

何と言いますか。②日本語教室への交通手段、③趣味、④希望する学習内容の４項目でした。ホワイトボードには、日本語教室の最寄り駅近辺の地図を描いておきました。

　学習者の中には「部屋の四隅」を何度も経験しているリピーターがいて、日本語での理解が難しそうな初参加の人を共通言語を見出して助ける場面がありました。

ファシリテーター：おはようございます。

このことばを合図に、支援者４人が部屋の各四隅に立ちました。

質問(1)を出す

　　　ファ　　：おはようございます。（自身を指して）おはようございます。
　　　　　　　　みなさんは？　「ニイハオ？」あそこ。

と、部屋のひとつの隅を指します。そこには、支援者が大きく「你好」（ニーハオ）と書かれた紙を掲げて立っています。

　　　　ファ　　：アンニョンハセヨ

と、別の隅を指します。別の支援者が「안녕하세요」（アンニョンハセヨ）と大きく書かれた紙を掲げて立っています。

　　　　ファ　　：サワディカ

と、３つ目の隅を指します。支援者が「สวัสดีครับ、สวัสดีค่ะ」（サワディカップ、サワディーカー）と書かれた紙を掲げて立っています。

　　　　ファ　　：（学習者の顔を見て）ありません？　じゃ、あそこ

と、４つ目の隅を指します。支援者が「その他」を表す白紙の紙を掲げて立っています。

　　　　ファ　　：じゃ、皆さん、行ってください。「ニイハオ」の人、あそこ。
　　　　　　　　「アンニョンハセヨ」の人、ここ。「サワディカ」の人、あそこ。
　　　　　　　　ありません。ここ。

ファシリテーターの声に合わせ、学習者は指示された隅に移動しました。要領が分からずキョロキョロする人が数人いましたが、リピーターや支援者の助けで何とか四隅に納まりました。

自己紹介⑴

四隅にいる支援者が中心になって、各隅で名札を見せながら自己紹介をします。ほかの支援者も適当にグループに加わり、自己紹介をします。

　　ファ　　：（ニイハオのグループに向かって）おはようございます。

　　ニイハオグループ：你好

順次、ファシリテーターは各隅に韓国語、タイ語でのあいさつを促しました。「その他」のグループは、さらに言語別に別れ、それぞれの言語であいさつしました。この教室には全部で 9 言語の学習者が参加していることが分かりました。

質問⑵を出す

　　ファ　　：（ホワイトボードに書かれた日本語教室を中心とした地図を
　　　　　　　指して）これを見てください。これは〇〇駅です。皆さんは
　　　　　　　電車で来ましたか。バスで来ましたか。自転車で来ましたか。
　　　　　　　歩いて来ましたか。（と、各隅で学習支援者が掲げるそれぞ
　　　　　　　れの絵を指しながら質問します）。「電車」の人、あそこ。「バ
　　　　　　　ス」の人、ここ。「自転車」の人、あそこ。「歩いて来ました」
　　　　　　　の人、ここ。

各隅の支援者が掲げている絵を頼りに動く人、日本語を聞いただけですぐ移動できる人など、小さな部屋の中でぶつかりそうになりながら全員が移動しました。

自己紹介⑵

四隅にいる支援者が中心になって、各隅で自己紹介をします。地図を見ながら、住所やお互いに知っている店などに話題が広がったり、近くに住んでいることが分かって細かな地域情報のやりとりが始まったり、部屋中に楽しそうな声が響き渡りました。いちばん多いのが自転車グループで、雨の日の自転車の乗り方を身振り手振りで伝え合っていました。全員の表情がどんどん柔らかくなっていくのがわかります。

> ファ　　　：（電車のグループに向かって）教室へ何で来ましたか。
> 電車グループ：（全員日本語で）電車で来ました。

担当の支援者が電車の絵を高く掲げました。順次、ファシリテーターは各隅に同じ質問をし、各隅の支援者が絵を高く掲げる中、各グループは全体に向かって質問に答えました。

質問⑶を出す

> ファ　　　：みなさんは何が好きですか。「音楽が好きです」ここ。「スポーツが好きです」あそこ。「旅行が好きです」ここ。「ありません」あそこ。

と、各隅で掲げられた絵を指します。そして、再び全員が各隅に移動しました。「音楽」「スポーツ」「旅行」に多くの人が集まり、「その他」コーナーはわずかでした。「音楽」「スポーツ」「旅行」という分かりやすい絵に引かれたのかもしれません。

自己紹介⑶

それぞれの隅で自己紹介をします。同じ趣味の人が集まったからでしょうか、部屋中が話し声と笑い声でいっぱいになりました。「その他」にいた人が、

スポーツグループの発表を聞いて、「その他」から「スポーツ」へ移動しました。自分の好きなスポーツが絵の中になかったから「その他」に入ったとのことでした。

ファ　　：(「音楽」グループに向かって) 何が好きですか。

音楽グループ：(全員日本語で) 音楽が好きです。

ファシリテーターは順次各隅に同じ質問をし、各隅のグループは支援者が絵を高く掲げる中、全体に向かって返答しました。「その他」グループは自分の好きなことを個々に発表しました。

質問(4)を出す

ファ　　：日本語の何を勉強したいですか。「漢字」ですか。「会話」ですか。
　　　　　「漢字」の人、あそこ。「会話」の人、ここ。

「漢字」は黒板に漢字をいくつか書いて、「会話」は話すジェスチャーをして意味を伝えました。意味が分からずきょとんとしている初参加の初級者を、同じ母語の学習者が助けていました。「会話」グループは、テキストを見ながら、自己申告のレベルでさらに3つに分かれました。

グループ別に3度自己紹介をしましたが、名札がコミュニケーションのツールとなり、名札を見て名前を確認する人もいれば、珍しい文字を説明する人もいました。その際、母語や共通語で説明したり通訳したりと、部屋中に多様な言語が飛び交い、学習者同士の交流が進んでいきました。

　　ファ　　：（学習グループをまわって）どうでしたか。どんなことを感
　　　　　　　じましたか。

　　学習者 A：楽しかった。

　　学習者 B：とてもいい。

　　学習者 C（リピーター）：いつも同じ。

　　学習者 D：ここに来る人全体が見えていい。

　　学習者 E：（質問 1 に対して）同じ言葉で話せる人たちともっと話したい、
　　　　　　　でも、すぐ次の質問で残念。

　　学習者 F：（質問 2 に対して）みんながどこに住んでいるか、地図を見
　　　　　　　てよく分かりました。

　　支援者　：ファシリテーターや支援者は、各隅の自己紹介を盛り上げる
　　　　　　　工夫が必要です。具体的な絵が効果を高めたと思います。

3. ファシリテーターが感じたこと

　緊張していた学習者の表情が和らぎ、笑顔になっていったのが印象的でした。小さなスペースにぎっしり詰まった参加者たちが質問に応じて移動し始めると、教室にダイナミックな流れがうまれ、他者とすれ違う度に顔見知りになった人たちは笑顔を交わすようになりました。全員がひとつの質問に答えるというタスクに集中することで仲間意識がうまれるのでしょうか。この動きだけで人間関係はつくられていくように思えました。

　質問 1 に対する学習者の振り返りコメント「初日に同じ言葉で話せる人がわかれば、次からその人と話せる」は、目論見どおりで、それをことばにしてくれた学習者の存在を嬉しく思いました。質問 1 は共通語で話せる人を探し出す効果的な方法のようですが、日本語教室が母語や共通語で話せる人に出会える場であることを改めて実感しました。関係づくりの入り口はやはり共通言語なのかもしれません。

　また、母語の表明は自分のアイデンティティの表明でもあり、質問 1 によって学習者も支援者も、日本語教室は多文化の人たちが集う場であることを目

の当たりにし、それを心身で納得できました。質問を国名ではなく言語にしているのは、個人に国を代表させるのではなく、一人の人間として互いに認め合っていける関係をつくりたいと考えたためです。

　リピーターの学習者からは「いつも同じ」との振り返りがありましたが、いつも同じことをするという意味だけではなく、学習者がいつも受身の立場に置かれているとの解釈もできます。後日、学習者が質問を考え、ファシリテーターを務める方法を採ってみたところ好評でした。ファシリテーター役を順次入れ替え、学習者も支援者も両者が対等であることを形の上でも実感できる工夫が必要だと痛感しました。このような気づきが居場所づくりへのヒントになるように思います。

　この活動を行うことで、数言語を操る学習者や趣味や特技に秀でた才能を持つ学習者がいることが分かり、日本語学習以外の場での活躍を期待することができました。学習者の社会参加につながった「部屋の四隅」の嬉しいおまけです。

　一方で失敗もありました。初級者には日本語での口頭の指示が伝わらないこともあると思い、意識して絵を多用しましたが、質問3でスポーツを表すために、数種類のスポーツを絵にしたところ、絵の中の競技だけととらえた学習者がいました。絵は質問を理解する助けにもなりますが、誤解を招く場合もあることを学びました。

（宮崎妙子）

【 「部屋の四隅」実践例 】

----

⑥　ボランティア養成講座初日は雰囲気づくりから

実施時間	：地域日本語教室のためのボランティア養成講座 　全10回の初回20分
参加者	：養成講座受講者50人（外国籍3名を含む、5〜6 　人グループ） 　講師兼ファシリテーター　1名
準備したもの：3つの質問	

1. ねらい

　養成講座の初日、受講者は三々五々集まり、沈黙のまま、6人が1グループになるよう設けられた席についていきます。顔見知りがいないのでしょうか、話し声はほとんど聞こえません。静かで受動的な会場に能動的な活気を生み出すために、ファシリテーターは明るく元気に第一声を送ります。

　参加型学習体験の第一歩は「部屋の四隅」から始めます。受講者全員が自分自身（の考え）を表出する中で会場が一つになり、全員参加の講座であるとの実感を持ってもらうために、ファシリテーターは受講者に選択と移動を求めます。受講者が一斉に動くことで受講者間にリラックスした雰囲気をつくり、それを体感してもらうことがねらいです。次いで、受講者に意見を促すのは、自分を表明してもよいことを、また、受講者が多様であることを実感してもらうためです。このような活動から、人間関係が構築されることをねらいとしていますが、これは参加型学習のすべてに共通しています。

2. 活動のようす

説明する

ファシリテーター： おはようございます。今日はみなさま、講座ということで座っ
て聞いていればいいと思っていらっしゃると思います。でも、
そうはいかないのです。リラックスしていらっしゃるところ、
申し訳ありませんが、立っていただけますか？

質問を出す

ファ ：質問です。お宅からこの会場まで、どのくらい時間がかかり
ますか？
① 10 分までの方はこちらへ（会場の一隅をさす）
② 20 分までの方はあちらへ（会場の別の一隅をさす）
③ 30 分までの方はあちらへ（さらに、会場の一隅をさす）
④ それ以上の方はこちらに（会場の一隅をさす）

50 人の受講者が一斉に動き出します。受講者に迷いはありません。質問は
客観的で、自分のことですから。地域の人々が集まるため、所要時間に大差
ないだろうと想像しながら動いている人が多いのではないでしょうか。全員
が移動しました。

感想を聞く

ファ ：全体を見渡してください。どのような方々の集まりでしょう。
「10 分まで」の方、「それ以上」の方々をどう思われますか？
受講者 1：大変だなぁ・・・。
ファ ：では、「それ以上」の方、「10 分まで」の方をどう思われますか？
受講者 2：いいなぁ・・・。

会場に笑いが起こり、座がうちとけてくることがわかります。会話が始まっ
ているグループも見られます。

ファ ：では、「10 分まで」のみなさんの中で、「自分が一番近い」
と自信のある方、自己申告でお願いします。どなたでしょう？

132

グループの中で譲り合いが起こり、

受講者3：申し訳ありませんが、8分。

会場に驚きの声があがります。各コーナーの数名にどこから来ているかなどを問いながら、全員参加の場をつくっていきます。結局、①が数人、②③が大多数、④も数人で一番遠い人は1時間もかけて参加していることがわかりました。

ファ　：外国の方はどうでしょうね。この近辺にお住まいの方たちでしょうか。

このファシリテーターのひとりごとともとも言える問いかけにうなずいてくれる人が必ずいます。

質問を出す

ファ　：では、次の質問です。「日本語が好きですか？」
① 「とても好き」の方はこちら
② 「まあまあ好き」の方はあちら
③ 「あまり好きじゃない」の方はそちら
④ 「ぜんぜん好きじゃない」の方はこちら

外国の方と日本語を介して交流するボランティアを養成するための講座です。受講者は日本語をどのように捉えているのでしょう。考えながらゆっくり慎重に動く人、即断でさっさと移動する人など、個人差がでてきます。全員が落ち着いたところで、やはり、全体を見渡すよう促します。

理由を聞く

ファ　：「ぜんぜん好きじゃない」方がひとりいらっしゃいます。どうしてですか？

受講者4：いろいろ外国語を勉強しましたが、日本語はあいまいな表現が多くてわかりにくいと思います。
③ も一人で同じような理由でした。②と①に多くが集まりましたが、①ではそのあいまいさがいいという人もいます。最後に、

> ファ　　　：外国の方にとって、日本語はどんなことばでしょう？　外国
> の方は日本語がお好きでしょうか？　どうでしょうね。

などと、外国人の立場を想像してもらうために質問を投げかけてみました。
返事は期待していません。

質問を出す

> ファ　　　：では、最後の質問です。「ボランティアを色にたとえると？」
> ①　赤の方はこちらへ
> ②　青の方はあちらへ
> ③　白の方はあちらへ
> ④　その他の方はそちらへ

と四隅への移動を促します。決断の速い人、ゆったりと移動する人などさま
ざまです。ボランティア活動に対するイメージはどのようなものでしょうか。
それを意識してもらうためにこの質問をしてみました。

理由を聞く

> ファ　　　：赤の方、どうして赤なのでしょう？
> 受講者5：受け入れる温かさ。
> 受講者6：情熱。

②の青はさわやかさ、晴れ晴れとしている、個人的に好きだからなど。③は
何色にでも染まる白という説明がありました。一番多いのは④その他でした。

> ファ　　　：その他、どんな色でしょう？
> 受講者7：白は何色にでも染まるという意見がありましたが、いろいろ
> な色が重なり合って、終局は黒だと思います。
> 受講者8：バラ色の活動をしたいからバラ色。
> 受講者9：その時々でどの色にも合わせられる虹色。
> 受講者10：この日本語教室が目指すものは "平和" だと思います。そこで、
> "平和" の象徴である緑。

この発言をしたのは外国出身の若い女性でしたが、会場から大きな拍手が起

こりました。

振り返り（グループ内）

> ファ　　：有難うございました。お疲れになったことと思います。では、席にお帰りください。この「部屋の四隅」をして、みなさまはどのように感じられましたか？　グループの中で話し合ってください。
>
> 受講者11：思い切りエンジョイした。ここで意見を言うのが、この講座の精神だと思った。（30代ぐらいの女性）
>
> 受講者12：日本人らしさが出ていると思った。自分の意見を言わない。（50代ぐらいの男性）

などのコメントが聞こえてきます。「面白かった」で打ち切られ、その後は「部屋の四隅」とは無関係の話に終始したグループもありました。受講者が口を開き、関係をつくっていくことが目的なのです。どのような話になっても、それでいいのです。

振り返り（受講者の「感想シート」に寄せられたコメント）

「感想シート」は、受講者50人中39名が提出しましたが、2時間の講座の最初の15分でしかなかった「部屋の四隅」に10名が触れていました（後日提出の11名分は含まず）。

・「短時間でさまざまな意見を知ることができた」というコメントに対し、私も部屋の四隅が面白くて気に入ったのだが、ちょっと変わったアイスブレーキングとしか思っていなかったので、そのコメントの深さに感心しました。

・初めての体験で面白かったです。

・四隅の体験、なるほどなあと感じました。その人の考えや思いが出るので、会話の糸口になりますね。

・部屋の四隅は面白かったです。人それぞれ違った考えを持っているため、新たな気づきや発見があるんだ、と改めて思いました。

・同じテーマでいろいろな感じ方を聞けた。

・四隅にわかれて行ったゲームのような物が新鮮でした。いろんな意見がきけて、それらに納得できました。

・部屋の四隅では、社会には様々な人がいることが認識できた。また、日本語があいまいな言語だと思っている人が多いこと、日本人は目立ちたがらないと改めて思った。

・部屋の四隅が心に残った。

・四隅（参加型ワークショップ）の面白さが実感できた。

・ボランティア養成講座の初日でしたが、緊張していたが、体を動かすことで緊張がほぐれ、グループの方たちとリラックスして話し合えた。そして、その後の講座が楽しみになった。

3.　ファシリテーターが感じたこと

　「参加者は常に自分の意見をもつが、それがそのときどきで変わる可能性がある」ことに、2問目あたりで気づく人がでてきます。首を傾げ、自分と向き合いながら立ち位置に移動する受講者たち。その後、会場を見渡して、全体を概観する受講者たち。共に体を動かすことは、心身をほぐすことなのでしょうか。問いに向き合い、答えを出すという活動を通して、受講者たちは目的を共有し、協働しているとの連帯感を抱くのでしょうか。「部屋の四隅」が終わり、再び、着席した受講者たちの表情が和らぎ、誰からともなく言葉が交わされていきました。

　ある時、「あそこ、ここと移動させられることに抵抗を感じた」とのコメントが出されたことがありました。その後、必ず、「指図されて不愉快でしたか？」と問うことにしています。「イヤな気持ちもあった」という人もわずかですが、います。しかし、大多数の人がこの問いに驚くようです。一般に参加者たちは、ファシリテーターの指示に従うことを当然のことと受け入れ、行動します。さらに、「四隅」を指定されると、それ以外の選択肢を想像だにしません。

　かつて、留学生を対象に行ったとき、指示された四隅以外の場を立ち位置

として選んだ学生がいました。「どうしてそこにいるの？」「行くところがないから」とのやりとりがありました。日本人の場合、この発想を持つ人（あるいは行動に現わす人）に会ったことがありません。日本社会の暗黙のルールなのでしょうか。自分で立ち位置を決めることも可能だと話すと納得する人もいます。指示を与える立場のファシリテーターの発言としては不穏かもしれませんが、批判的な参加者がいてもいいように思います。参加型学習は不参加の自由もあれば、批判的に参加する自由もあるのです。

<コラム>
ある自治体主催の講座でのことです。
「地域」に焦点をあてた質問をしました。「お住まいの地域は20年後、今より住みよくなっているでしょうか」との質問に対し、「とてもそう思う」「まあまあそう思う」「あまりそう思わない」「ぜんぜんそう思わない」の四隅です。「あまりそう思わない」「ぜんぜんそう思わない」に全員が集まり、その理由は地域のインフラに期待がもてないということでしたが、主催者である自治体関係者は驚きと失望を隠しませんでした。
逆のこともありました。同じく地域の自治体主催の講座でしたが、「とてもそう思う」人が多く、「自分たちでより住みよい地域をつくる」と発言した若者に、拍手が沸き起こりました。主催者は大変、感激していました。

（宮崎妙子）

【　フォトランゲージ　】

　「フォトランゲージ」とは、写真の情報を読み解き、グループで話し合いながら個々人の先入観や読み取り方の違いに気づくという活動です。日本語教育においては、写真や絵カードなどが語彙の説明のための教材として使われる場合が多いですが、開発教育においては写真に写っている人々の関係を想像したり、写真から物語を創造したり、また数枚の写真を 1 組にして「豊かさ」といったテーマで並べ替え（ランキング）をしたりします。地域日本語教室でも同様の手法を取り入れています。

ねらい：多文化の人々が参加する地域の日本語教室では、同じ 1 枚の写真から多様な見方、考え方が見えてきます。支援者も学習者と同じ立場で活動に参加することにより、立場を越えて人間としての相互理解が進んでいくことが期待されます。

　使用する写真は、なるべく人が写っていて動きのあるもの、できれば、学習者や支援者に身近な写真がいいでしょう。活動の終わりに「実はこの写真は○○さんです」と写真の種明かしをすれば、そこからさらに対話が進み、○○さんへの理解や親近感が増し、より一層人間関係が深まるかもしれません。

　例えば次のような写真です。これらは本書の執筆者が持ち寄ったもので、実践例 1 では、この 5 枚に他の写真を加え、物語をつくるという活動を行いました。

写真①

写真②

写真③

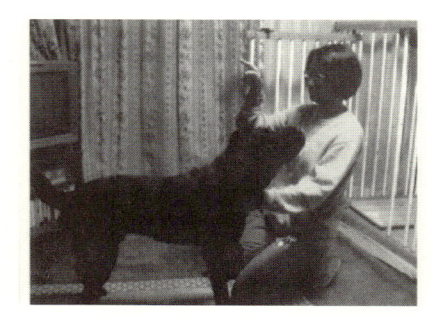

写真④

写真⑤

基本的な活動の進め方

準備するもの：写真（同じものをグループ数）、参加者の意見や考えが出て
　　　　　　　　くるような質問を考えておきます
人数　　　　：1グループ3人〜6人とし、何グループでも可
日本語レベル：初級以上

ファシリテートの仕方：

各グループに1枚ずつもしくは1組ずつ同じ写真を配ります。

話し合いが進むような質問を出します

写真を観察し、各人の意見や考えをもとにグループごとに話し
合います

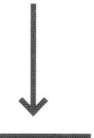

グループでどんなことが話し合われたかを、各グループの代表
が発表します。また、ランキングなどでは、なぜそう思ったか、
その理由も述べます。

活動後他の人の意見や考えを聞いて、感じたことや気付いたこ
とについて全体で話し合います。

留意点：「参加者の意見や考えが出てくるような質問」は、参加者の属性、
写真の種類や枚数、活動のねらいによって変わってきます。「はい」「いい
え」で答えられる質問ではなく、想像力が膨らむ質問ができるとよいでしょ
う。色々な質問を試してみることをお勧めします。

【 「フォトランゲージ」実践例 】

----

⑦　写真の奥に見えるもの

実施時間	：40分
参加者	：学習者　3名　（日本語レベル：初級　母語：スペイン語、タイ語、中国語）
	支援者　3名
	ファシリテーター　1名
準備したもの	：B4サイズの写真5種類各1枚
	同じ写真のはがきサイズを人数分（p.138参照）

1. ねらい

　日本語がたどたどしいがゆえに、「日本社会で大人扱いしてもらえない」と学習者が不満を漏らすことがあります。日本語教室において、日本語を教え、教わる構造（支援者は「先生」、学習者は「生徒」）からは学習者の成熟した豊かな人間性に出会うことは難しいように思われます。

　「フォトランゲージ」では、学習者と支援者が共に参加し、写真を読み解きながらそれぞれに考えていること、感じていることを言い合えるのではないかと考えました。簡単な日本語であっても、話し合うことを通して、自らの意見や考えを発信し、両者が知り合い、一人の人として認め合い、お互いに尊重できる関係が生まれることを期待しました。

2. 活動のようす

　6人がテーブルを囲んで輪になって座りました。5種類の写真を用意し、①から⑤まで番号を振っておきました。

写真を配る

最初に写真①を配ります。

質問を出す

ファシリテーター：この写真を見てください。ここはどこでしょう。この人はど
　　　　　　　　　んな人でしょう。何をしているのでしょう。

グループで話し合う

　　　学習者 A：ここは公園？　夜？

　　　支援者 1：うん、夜ですねぇ。この女の人は誰かしら？

　　　学習者 B：この男の人の奥さん。

　　　学習者 C：奥さんじゃない、恋人。

　　　学習者 B：えっ？　じゃ、この人は？

　　　学習者 C：この人の奥さん。

　　　全員　　：えっ？

1 枚の写真を 6 人全員が一斉にのぞき込みます。写真を正面から見ている人
がほかの人が見やすいようにと写真の向きを順次変えるなど、気持ちの交流
が見られました。写真の上にはいろいろな人の指が出ては消え、話に合わせ
て指が忙しく動きます。

②〜⑤の写真を配る

写真①と同様、②から⑤までの写真を 1 枚ずつ提示し、それぞれについて
同じ質問を繰り返します。話し合いながら写真を読み解く時間を十分に取り
ました。

質問を出す

　　　ファ　　　：この 5 枚の中で一番好きな写真はどれですか。

　　　学習者 A：いちばん好き？　1 枚？

　　　ファ　　　：はい、1 枚です。どうしていちばん好きですか。考えてくださいね。

6人が5枚の写真を順次手に取ったり見比べたりしていますが、写真が5枚しかないので、思いやったり譲り合ったりの場面があり、その度に小さな声のあいさつが聞こえたり、ボディランゲージが見られたりしました。2人で仲良く、1枚の写真を見入っている光景もありました。

全体発表

　　ファ　　：一番好きな写真はどれですか。選びましたか。じゃ、話してください。誰かお願いします。

　　学習者C：これ。③が好きです。犬が好きです。

　　支援者1：わたしも同じ写真です。犬が好きですから。

　　支援者2：⑤番。とても楽しそう。

　　学習者B：わたしも⑤です。たくさんの家族がいる。みんな楽しい。

　　学習者A：わたしは①です。子どもがいないから。子どもがいないとき、主人は優しい。子どもがいるとき主人は厳しい。

　　支援者3：そう。子どもがいると大変ですものね。

学習者3は、傍らにベビーカーをおき、子どもをあやしながら参加していました。参加者の多くが母親だったので、学習者3の言葉は深い共感を呼びました。

写真を配る

①から⑤の写真（はがきサイズ）5枚1組を一人ずつに配布しました。

質問を出す

　　ファ　　：この5枚の中で、どの写真に入りたいですか。一番入りたいのはどれですか。2番目は？　3番目は？　順番に並べてください。

写真をじっくり眺める人、並べたり並べ替えたり忙しい人、一人でぶつぶつ言っている人、ほかの人の並べ方を見ている人など取り組み方はさまざまです。小さな声でささやき合う人や目が合うとほほえみ合う人たちもいます。

全体発表

　　ファ　　：決まりましたか。じゃ、ホワイトボードに貼ってください。
　　　　　　　一番入りたい写真はここに。それから順番に貼りましょう。
　　　　　　　どうしてこれがいちばんですか。どうしてこの順番ですか。
　　　　　　　話してください。

　　学習者 B：いちばんはこれ、⑤です。たくさん人がいます。みんな笑っ
　　　　　　　ています。楽しいです。わたしも入りたいです。2 番はこれ、①、
　　　　　　　人が 3 人います。3 番は④、2 人います。4 番は③、1 人だけ
　　　　　　　ど犬がいます。5 番は②、1 人です。さびしいです。

5 人が貼り終えた時点で、⑤を 3 人が一番目に、2 人が 2 番目にあげていま
した。そのほかの順番はさまざまでした。

　　ファ　　：いちばん入りたい写真は⑤が多いですね。最後の人はどうで
　　　　　　　しょう。C さん（学習者）、お願いします。

　　学習者 C：①に入りたい。①は暗いから。タイは暑い、明るい国。暗い
　　　　　　　のがいいです。次は②。だれでも入ることができます。次は③。
　　　　　　　犬は好き。でも、わたしはアレルギーだから入ることができ
　　　　　　　ません。次は④です。2 人の関係はいい。入ることは難しい
　　　　　　　です。次は⑤。わたしはパーティーが嫌いです。人と話すとき、
　　　　　　　大変。パーティーは、早く家に帰りたい。

　　支援者 2：えっ、⑤が最後？

写真⑤が最後だったことに驚いた他の人たちは、理由を聞いて納得しました。

振り返り

　　ファ　　：活動をして、どう感じましたか。

　　学習者 A：面白かった。

　　学習者 B：楽しかった。

　　支援者 1：こんな方法があるのか、と思った。

　　学習者 C：写真は同じ。でも、みんな違う。

　　支援者 2：隣の C さんはとても面白い人だと思いました。ランキングを

　　　　　するとき、自分の好みの順に並べるのではなく、提示された
　　　　　写真の番号順に並べると言って理由をうまく考えて話しまし
　　　　　た。すごいなと思いました。

この発言に数人が感嘆の声をあげました。一方のＣさんはというと、全員
を見回し、いたずらっぽくにっこりほほえみました。

3. ファシリテーターが感じたこと

　「フォトランゲージ」はだれもが楽しめる活動です。具体的な写真を見な
がら自己を表現する活動は取り組みやすく、状況を言葉で説明するのは難し
くても、写真の助けを借りれば簡単な日本語でも言いたいことが伝わります。

　「好きかどうか」「入りたいかどうか」など答えやすい質問を用意したこと
もあり、初級レベルの学習者も自由に自分を表現できたように思います。ま
た、好きな写真を一枚選んだり、入りたい順にランキングしたりすることで、
他の参加者との比較ができ、互いの共通点や違いが分かりやすくなりました
が、このあたりから参加者の間に共感が生まれていったように思えます。

　「振り返り」では、学習者Ｃさんが自分自身の「入りたい」順ではなく、
自らの日本語力に挑戦したという報告がありました。学習者Ｃさんが予期
せぬ方向から、しかもユーモアたっぷりにランキングに取り組んだという話
は、学習者が成熟した大人の発想と豊かな個性で活動に参加したことを表し
ています。

　学習者が自由に自分らしさを発揮してこのような挑戦ができ、参加者がお
互いを「子どもではない一人前の大人」であると尊重し合える教室づくりの
重要性を再確認しました。

　そして、学習者Ｃさんの独り言に耳を傾け、それを他の人に伝えた支援
者２の行為を大変嬉しく感じました。支援者が学習者に感動し、敬意を抱
くということは、人間としての対等性、さらにはそれ以上のものが支援者の
中で意識されることであり、この意識が多文化共生社会という夢に繋がるよ
うに思えます。

　　　　　　　　　　　　　　　　　　　　　　　　　　　　（宮崎妙子）

【 「フォトランゲージ」実践例 】

----

⑧　一人一人が語る物語

実施時間　　　：40分

参加者　　　　：学習者　17名（日本語レベル：初級後半から中級
　　　　　　　　以上　母語：中国語、ロシア語、マラヤラム語、カ
　　　　　　　　ンボジア語、ハンガリー語、ルーマニア語、スペイ
　　　　　　　　ン語、英語、フランス語）
　　　　　　　　支援者　8名、ファシリテーター　1名

準備したもの：人数分より多いA4に印刷した数種類の写真

1. ねらい

　日本語の学習活動の中で、学習者に1人の人間として接するとは、どういうことでしょうか。ある日、学習者が支援者に「あなた（支援者）はどう思いますか」と一生懸命に質問している姿を見ました。それは、「わたしはこう思うのですが」に続く言葉でした。ところが、支援者の答えは「日本では／日本人は」で始まる一般化された内容で、「わたしは」という個人としての考えを述べるものではありませんでした。

　支援者は教師としての役割を意識しすぎている場合が多いようです。活動前にあれも教えてあげよう、これも知りたいだろうと考えて準備するため、活動中つい学習者の日本語が正しいかどうかばかりに気を取られ、発言の内容に共感する機会を逃してしまう傾向がないでしょうか。

　そこで学習者にも支援者にも「わたし」で始まる自分の考えや思いを語る機会をつくり、そこから人間関係が築けたらと、「フォトランゲージ」を使ってみることにしました。

2. 活動のようす

日本語のレベル別でつくっている普段のグループをバラバラにして、新たな6人ずつのグループをつくりました。その際、必ず支援者が各グループに入るようにしました。

写真を配る

今回はファシリテーターが写真を配るのではなく、学習者に好きな写真を選んでもらいました。

> ファ　：写真を見てください。いろいろあります。好きな写真を1枚選んでください。1枚だけですよ。選んだらグループに戻ってください。

質問を出す

> ファ　：その6枚の写真をつなげてグループごとに、1つの物語をつくってください。時間は15分です。

グループで話し合う

自分の選んだ写真について順番に話が始まりました。1枚の写真からいろいろな話が出てくるので、話の内容をよく聞き取ろうとどのグループも輪が自然に小さくなっていきます。言葉がわからなくて困っている人がいるとほかの学習者が助け舟を出したり、支援者が言い換えたりしています。支援者が学習者の写真を先取りして「それは〜だよ」と解説しても「いいえ、これは〜なんです」と学習者が自分の意見を主張する場面もありました。学習者の面白い説明にみんなが聞き耳を立て、笑ったり感心したりしながら物語をつくっていきます。

> ファ　：さあ、ではどんな物語ができたでしょうか。順に写真を持って一列に並んでください。

グループごとに各自選んだ写真を持って、ストーリーの順に並びます。みんなが中央を向いて輪になって立ったので、お互いの写真がよく見えました。

しばらくそれぞれのグループの写真の並びを見る時間を取ったところ、自分たちの写真と他のグループの写真を見比べていました。

全体発表

ファ　　　：ではこちらのグループから、発表してください。

学習者 A：ある家族の 1 日です。お父さん、お母さん、子ども 2 人の朝食です。1 人は寝坊して、いま起きてきました。もう 1 人はもう学校へ行きました。

学習者 B：お父さんはコンピューターの会社で働いています。とても忙しいです。

学習者 C：子どもは学校でみんなと一緒に給食を食べました。おいしかったです。

学習者 D：お母さんはお医者さんです。脳の手術をしましたのでとても疲れました。（聞いていた人たちから「へえ！　脳の手術・・・」と感心した声が上がる）そう！　手術をしました。脳の手術ね。だからとても大変、疲れました。でもお母さんは上手なお医者さんだから、大丈夫。疲れたけど大丈夫。

学習者 E：家に帰ってお父さんはビールを飲んでいます。お母さんは一人でテレビを見ています。（ほかのグループから、「その 2 人はすぐ離婚しますよ！」とのやじあり）ううん、離婚じゃない。野球が大好きです。2 人はとてもリラックスしています。

D さんは初級の学習者。「脳の手術！」と難しい言葉を使ったことに対して、参加者たちがしきりに感心していたので、さらに脳の手術について得意げに身振りを交えて後半の説明を加えることになりました。発表の中での参加者とのやりとりは会場を大いに盛り上げました。それに引きずられるように、その後発表した上級者の E さんも張り切って、ほかのグループからのやじに応答しました。これがきっかけとなり、しばらくの間このグループがつくったストーリーや離婚の可能性についてやり取りが続きました。同じ夫婦の団らん写真を選んだもう一つのグループは、「鈴木さんのうちの話」として、

大家族の食事風景から始め、最後に「子どもを2人つくりながら夫婦仲が悪くなり鈴木さんは友だちの家に入り込み酒を飲みテレビを見ています」と離婚話で締めくくりました。またほかのグループは、小学校の登校風景や女の子2人が遊ぶ写真をつなげて小さな恋の話をつくりましたが、どのグループ発表にも即興的な展開があり、ユーモアがあふれていました。

振り返り

 ファ ：活動をして、どう感じましたか。

 学習者A：たくさん話せました。

 学習者B：みんな笑いました。

 学習者C：自分でストーリーをつくるのが楽しい。

 学習者D：ほかのグループの人とも話せた。

 学習者E：みんなのクリエイティビティがあった。

 学習者F：いつも勉強したいから、ゲームはいや。もっと勉強したい。

 学習者G：楽しかったがほかの人と一緒は恥ずかしくて難しい。

 支援者1：学習者が盛り上がって楽しそうにしているのがよかった。

 支援者2：いろいろな話が聞けた。みんながよく話すので驚いた。

 支援者3：教科書の勉強をしたいから、参加するのは嫌だと言っていた学習者が一番喜んで話していて驚いた。

「ゲームは嫌」と言った学習者がいたほか、活動そのものに参加しなかった学習者も2名ほどいました。無理強いするのではなく、参加しないという選択肢もあっていいと思います。嫌そうに参加していた学習者が実際に活動が始まると、とても楽しそうに話していたのが支援者には驚きだったようです。初級レベルの学習者は上級レベルの学習者と一緒に話すことに気おくれを感じていたようですが、いざ話し出すと、みんなに受けがよく、かえって上級者が慌てる場面も見られました。たまに全体で一緒に活動してみると、一人ひとりの人柄だけでなく、初級者であっても意外に話す力があることがわかりました。

3．ファシリテーターが感じたこと

　夜間の教室の学習者は仕事帰りで疲れているのか勉強熱心だからか、勉強以外のことは嫌だという人が少なからずいます。たくさんの人が集まっている日本語教室に来ているのに、自分のグループの支援者や学習者とだけしか言葉を交わしません。そんな状況を見ていて、なんとか「教室全体の場」をつくり、学んだ日本語を楽しく使う活動ができないかと思っていました。

　そのためには、ふだんと異なるグループの学習者や支援者が混ざり合う仕掛けが必要です。そこで活動しているグループを解体して新しいグループをつくり、そのメンバー間で 1 つのストーリーをつくりあげることにしました。自分より下のレベルだと思っていた学習者が拍手を受けるような説明をするのを目にして、上級者は頑張らざるをえなくなりました。語彙の少ない初級者も支援者の助けで話ができました。それぞれが助け合い、刺激し合って、生き生きとしたやり取りが生まれたと思います。

　支援者は、初級レベルの学習者が上のレベルの学習者を相手に活発に会話できること、少ない語彙でもいろいろなパフォーマンスで十分写真の説明ができることなどに驚いたそうです。また写真の中には支援者が持参したものもあり、ストーリーをつくったあと「実は、この写真は〜さん」と種明かしをすると、その支援者に駆け寄って質問しだす学習者が何人もいました。

　仕事の後で疲れた顔でやってきた学習者を写真が元気な笑顔に変えていくさまを目の当たりにしました。難しい顔で正しく話すことだけを考えていた支援者や学習者からユーモアにあふれた素顔を引き出していくことを体験しました。1 枚の写真がなかなかほかのグループと打ち解けられなかった人々を、たった一晩で会話を交わせる関係にしてしまいました。「フォトランゲージ」が自己肯定感と他者理解を高め、人間関係づくりに資する可能性を感じたひとときでした。

（河北祐子）

 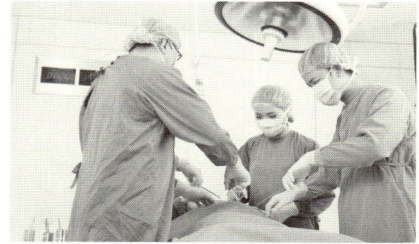

写真提供：ピクスタ

【　私の宝物　】

　「私の宝物」とは、だれもが持っている大切なものごと、日常は当たり前すぎて見過ごしているものごとに改めて目を向け、その大切さに気付き、それを発表し、話し合う活動です。

ねらい：地域日本語教室には様々な文化背景や生活環境をもった人々が集まります。学習者は成人であり、日本語がたどたどしくても、頭の中にはいろいろな知識、さまざまな思いや考えが詰まっていることでしょう。支援者も同様と思われます。それぞれにとっての「大切なものごと」を話し合うことによって、人間としての共感がうまれ、お互いへの尊敬の念が深まり、人の話を聞いているうちに「そう言えば」と脳が活性化され、話し合いが弾みます。他の人の思いがけない宝物から、自分の宝物を再発見できることがあります。社会参加の側面からは、人前で日本語で発表するという経験を積むことにより、自信をもって話せるようになることがねらいです。

基本的な活動の進め方

準備するもの：特になし（ポストイットなどを使うこともある。）
人数　　　　：1グループ2人～6人とし、何グループでも可
日本語レベル：初級以上

ファシリテートの仕方：

　説明する

自分の大切なもの、宝物について考えるよう指示する

　それぞれの宝物を発表する

宝物について発表するよう言う

　宝物について意見交換をする

全員でお互いの宝物について意見交換をするよう促す

振り返り

自分の宝物について考え、他の人の宝物を知る活動から、感じたことや気付いたことについて話し合う

留意点：その人にとっては意味のあるものでも、他の人にとってつまらなく思えるものに出会うかもしれません。また、宝物の説明がむずかしく、他の人にうまく伝わらないことがあるかもしれません。そんなとき、日本語初級者でも勇気をもって発表できるような場をつくりたいものです。ファシリテーターにはそれぞれが言いたそうなことをうまく引き出す役割が求められます。

【 「私の宝物」実践例 】

----

⑨　宝物をおまつりで発表しよう

実施時間：準備段階の話し合い　30 分	
おまつり当日（1 週間後）　2 時間	
参加者　：学習者 30 名（日本語レベル：初級〜上級　母語：韓国語、	
英語、中国語、ネパール語、タイ語）	
おまつり当日の来場者（一般日本人多数）	
支援者　6 名（グループのファシリテーター）	

1.　ねらい

　外国人が地域に増えてくる現実を日本人はどのように捉えているのでしょう。日本人に同じ地域に暮らす外国人を知ってほしい、外国人に共感したり、感動したりしてほしいと思います。知ることから、両者が互いを尊重し合う多文化共生社会づくりは始まるのではないでしょうか。

　年に一度開かれる日本語教室のおまつりを、とくに日本人の来場者に学習者を知ってもらう機会と捉え、学習者によるプレゼンテーションを実施しました。

　社会参加の観点からは、「〜です」「〜ます」で話せるようになることをねらいとしました。参加者が地域社会に参加していく上で、「〜です」「〜ます」の話し方は重要だと考えているからです。

2.　活動のようす

(1)準備段階の話し合い

教室活動 2 時間のうち最後の 30 分を準備のための話し合いに使いました。

準備 1　最初は教室全体で、次に 4, 5 人のグループごとに「大切なもの」を考え、話し合う。

`説明する`

ファシリテーター：みんな、大切なもの、宝物があるでしょう。それを考えて、おまつりで発表しましょう。みなさんの大切なものは何ですか。

　　　学習者 1：大切？　大事？

　　　学習者 2：なかったら困る。

　　　学習者 3：なくなったら困る。

宝物という「ことば」から概念の共有が始まりました。そして、実際のモノの名前、まずは机の上に並んでいるモノから始まりました。

次いで、グループ活動に移りました。

`それぞれの宝物を発表する`（初級グループの話し合い）

「ケータイ」「スマホ」「電子辞書」など、かばんから出して見せてくれる人もでてきます。「自転車の鍵」「家の鍵」、そして、「家族」との声があがりました。

`宝物について意見交換をする`

　　　ファ　　　：どこの家族？

　　　学習者 4：ここの家族。

　　　学習者 5：国の家族！

　　　学習者 1：そう、お母さん。

　　　学習者 2：お父さんもでしょ。

　　　学習者 3：おばあさんも。

　　　学習者 4：おじいさんは？

　　　学習者 3：いない。

　　　学習者 4：私はお母さんもお父さんもいない。

　　　学習者 5：そう。

家族にそれぞれの思いが重なり、ことばが交わされます。

次いで、「結婚指輪」「お父さんにもらった時計」などが挙がると、「これ、彼氏にもらった」とさらにアクセサリーが並びました。

　　ファ　　：どこの彼氏？

　　学習者 1：日本？

　　学習者 2：日本じゃないよ。

彼氏や彼女の後に友だちということばが出ました。

だれかが急に財布の中から銀行のカードを取り出しました。「はんこも」との声が続きます。

人の話を聞いて、「そう言えば」と思いつく人が次々に出てきましたが、この連鎖が参加者の頭の中を活性化させ、活動そのものを勢いづけるようです。

　　ファ　　：みんな、宝物がたくさんありますね。では、その中から 5 つ
　　　　　　　だけ、おまつりで発表しましょう。5 つ、選びましょう。家
　　　　　　　で考えて来てくださいね。

準備 2　「おまつりの日」について話し合う

　　ファ　　：では、おまつりの日のことを考えましょう。みんなの宝物を
　　　　　　　どうしますか？　ただ話すだけ？

　　学習者 2：持ってくる？

　　学習者 3：見せながら、話す。

　　学習者 4：家、持ってこられないよ。

　　学習者 5：どうする？

　　学習者 1：写真。

みんなの頭の中に「発表」のイメージがふくらんでいくようです。

準備 3　発表時の日本語について話し合う

　　ファ　　：おまつりはお客さんが来るでしょう。知らない日本人も来ま
　　　　　　　すね。知らない人と話すときはどうしましょう？

みんなの表情に緊張が走りました。

　　　ファ　　：「これ、私の宝物、自転車の鍵」でいい？

ワイワイ、ガヤガヤが続きます。口々に文章にしようと何か言っています。

　　　ファ　　：いっしょに言いましょうか？　（以下を唱和しました）

「これ・・ハ・・私の宝物・・デ・・自転車の鍵・・デス」

「うんうん」とうなずく人や書き留める人がいます。

⑵おまつり当日

それぞれの宝物を発表する

来場者が集まり、発表が始まりました。見知らぬ日本人を前に日本語で発表するには勇気がいることでしょう。発表者たちは、準備段階の話し合い後の一週間、宝物をどのように見せ、どう伝えればいいかと考えたようです。机に並べた写真や実物をひとつずつ手に取って来場者に示しながら、上気した顔で説明をしています。中には、自分の特技（アニメを描く）を「宝物」として披露し、子どもたちを喜ばせ、人気を博している人もいます。

なにかあれば助け舟を出せるようにと、ギャラリーの中に支援者が数人紛れ込みましたが、心配は杞憂に終わりました。発表が終わるたびに、会場から大きな拍手が沸き起こり、特に、宝物の最後に、「この子がわたしの一番の宝物です！」と傍らのお子さんを抱きあげた女性には万雷の拍手とともに「かわいい！」の声が贈られました。

振り返り（おまつりの振り返り）

参加した人全員が「たのしかった」と異口同音に言いました。日本語での発表をやりおおせた満足感が自信につながったのでしょう。人間として「共感」されたことに大きな喜びが感じられたのでしょう。

日本人来場者からも「楽しかった」「興味深かった」「こんなことをしているんですか、初めておまつりに来たのですが、このような人たちがいることを知りませんでした」「子どもを抱きあげたお母さんに感激しました」などが寄せられました。

3.　ファシリテーターが感じたこと

　「突然、あなたの宝物は何ですか？」と聞かれたら困るでしょう。そこで、まず「大切なもの」についてブレインストーミングをすることにしました。みんなで「大切なもの」「宝物」は何だろうと考え、話し合い、頭の中を活性化して「大切なもの」を考える時間として準備段階を設定しました。宝物に対するイメージをみんなでつくり出すためのこの時間は重要だったと思います。この協働作業がなければ、おまつりでプレゼンテーションはできませんでした。

　おまつり本番は、緊張気味に「こんにちは。○○（名前）です」から始まりましたが、ときに「～です」「～ます」を忘れる人もいました。それもその人の個性と受け取りたいと思いましたが、日本語の TPO に合わせた話法は学習者には難しいものだと再認識しました。今後も人前での発表の場をつくり、課題として取り組んでいきたいと思います。

　しかし、言葉以上の力で学習者は来場者を惹きつけたように思います。学

習者のあげる「宝物」とその発表から、学習者のひたむきさ、逞しさ、ユーモアなどが伝わり、生きとし生けるものすべてがいとおしく感じられました。来場者から発表者に共感が寄せられましたが、この共感こそが国籍や異文化の壁を取り払っていくのではないでしょうか。

＜コラム＞

その後、日本語習得、とくに「〜です」「〜ます」に強くこだわるＡさんは以下のイベントに参加し、日本人を相手に日本語で講師を務めました。単語レベルの発話から抜け出し、「〜です」「〜ます」で文を終えたいと、努力しているＡさんです。

・日本語スピーチ大会で出身地を紹介
・料理教室の講師
・手芸教室で伝統的な手芸の講師

（宮崎妙子）

【 「私の宝物」実践例 】
----
⑩　本当の「宝物」って?

実施時間　　：教室活動 2 時間の最後の 30 分、2 週連続
参加者　　　：学習者 30 名（日本語レベル：初級〜上級　母語：
　　　　　　　中国語、韓国語、英語、タイ語、インドネシア語、
　　　　　　　イタリア語）
　　　　　　　支援者　6 名、ファシリテーターについては後述
準備したもの：ポストイット（7.5cm x 2cm）ひとりに 5 枚

---

1. ねらい

　日本語レベルが同じような人たちがそれぞれにグループをつくり、活動をしている日本語教室では学習者だけではなく、支援者を含む教室参加者全員が知り合う機会はあまりありません。教室全体の交流を図るために、参加者全員で「大切なもの」、つまり「宝物」を考え、発表することによって、お互いをより深く知る場にしたいと考えました。

　「私の宝物」を考えたのは、外国人も日本人も、人間として共有する大切なものがあるのではないか、それを可視化することによって「外国人も日本人も同じ」ということが実感でき、お互いへの親しみが増すのではないかとの思いからでした。同時に、文化や環境の違いから異なる大切なものが引き出されるかもしれないと期待しました。

2. 活動のようす

⑴準備段階の話し合い（1 週目）

2 時間の活動時間中最後の 30 分を使い、各グループで「大切なもの」「宝物」の話し合いを行いました。ファシリテーターはグループの各支援者が務めました。

この話し合いのようすは、おまつりでの話し合いとほぼ同じなので、p.154,

155 をご覧ください。

⑵全体発表（2 週目）

第 1 週目と同様、最後の 30 分を使い教室参加者全員で行い、支援者のひとりがファシリテーターを務めました。

ポストイットを 5 枚ずつ配ります。

説明する

ファシリテーター：みんなで宝物を考えましたね。家でも考えましたか？　紙を配ります。一人に 5 枚です。この紙に、宝物を書いてください。一枚にひとつです。

全員が配布された 5 枚のポストイットに、宝物をひとつずつ書いていきます。1 週間前に話し合っているので、文字の確認をする人はいますが、作業はスムーズに流れました。机の上に写真などの宝物を並べている人もいます。

　　　ファ　　：書きましたか？　書いたら、ホワイトボードに貼ってください。

それぞれの宝物を発表する

書き終えた人が何人もホワイトボードに自分のポストイットを貼っていきます。それらを支援者が分類し、各カテゴリーに名前をつけていきます。「家族」「友だち」「家」「アクセサリー」「銀行」「IT」「日本語の勉強」などなど。これらのカテゴリーに何枚ものポストイットが重ねられました。このように分類すると、「宝物」の種類と同じ宝物をあげる人の数が一目でわかります。

宝物について意見交換をする

「家族」のカテゴリーから 1 枚のポストイットを選び、

　　　ファ　　：これ、「だんなさん」はだれが書いたのでしょう？　あ、Aさんですね。どんな家族ですか？

Aさんは机の上に置いた男性の写真をみんなに見せました。Aさんが照れながら「だんなさんの写真です」と言うとあちこちから「見せて」「こっち、こっ

ち」「うわぁ、かっこいい」などの声が飛び交いました。「わたしの子どもの
とき」の写真を見せてくれた B さんには、「かわいい！」の声があがりまし
た。同じようにして、各グループから数枚、ポストイットを任意に選び、書
いた人にそれについてたとえば家の鍵、自転車の鍵、銀行のカードなど実物
を見せたり、写真を見せたりしながら発表してもらいます。「外国人も日本
人も同じ」を感じさせる宝物がズラリと並んだところで、全員でその「同
じ」であることを確認しました。家族の写真、夫からもらったアクセサリー
などを見せる人たちは誇らしげでもあり、ちょっぴり恥ずかしそうでもあり
ました。そして、見る側は共感したり、ほめたり、簡単な質問をしたりしま
した。「証明書」というカテゴリーがあり、「在留カード」が何枚も入ってい
ます。が、ここには日本人参加者のポストイットは一枚もありません。「外
国人も日本人も同じ」はずなのに決定的な違いが可視化され、日本人側は思
わず唸ってしまいました。が、学習者たちは「当然」という表情です。「パ
スポート」も数枚ありますが、日本人側にこれを宝物とした人はいませんで
した。さらに、「家」では出身国で住んでいた家、その家の鍵などが出てき
ます。以前に住んでいた家（親の家）の鍵を今も大切に持っている人がいる
ことがわかり、ホロリとさせられる瞬間もありました。すべてのカテゴリー
について発表が終わり、最後にたった 1 枚残りました。カテゴリー化できず、
よい名称も思いつかず、「その他」にされたポストイットです。「自尊心」と

書かれています。漢字で書かれているため、多くの学習者はわからないという表情です。

　　　ファ　　　：これはだれのですか？　Ｖさん？　むずかしい漢字ですね。読んでください。

Ｖさんが「じそんしん」と読むと、そのことばを書いたのがＶさんであることに興味を引かれたのでしょう。数人が辞書を調べ始めました。日本に来て数か月のＶさんの日本語はまだまだおぼつかないのですが、そのＶさんが難しいことばを、しかも漢字で書いたということで全員の注目がＶさんに集まりました。しかし、辞書をひいてもなぜ自尊心が宝物、あるいは大切なものなのか納得できないという人もいます。

　　　ファ　　　：Ｖさん、じそんしんって何ですか？

Ｖさんは説明を試みますが、結局、「日本語ではできない。できないけれど、とても大切」と言います。熱心で真摯な語り口にみんなはなんとなくわかったような顔になりました。Ｖさんにとって「自尊心」は非常に大切な宝物だということがみんなに通じたようです。好意と敬意をもって「自尊心」が受け入れられたＶさんはさわやかな笑顔になり、隣の人たちと談笑を始めました。

振り返り

振り返りをするのは非常に難しいことです。日本語がままならない学習者の場合、支援者に「どうでしたか？」と聞かれたら、とくに一対一で聞かれたら、あるいは大人数の前で聞かれたら、「たのしかった」が一番無難で簡単で、そして何より精一杯の答えなのかもしれません。また、このような活動に別段の感想を持たない人もいるでしょう。そんな中で、Ｖさんが「地域の日本語活動は単に日本語の勉強をする場だけではなく、人と人が繋がり、共に地域社会を考えていく場だと思う」と、日本語、英語、Ｖさんの母語を交えながら語りました。日本語教室の意味と目標に気づき、それをことばにしてくれた人がいたことは支援者の大きな驚きと喜びでした。

3. ファシリテーターが感じたこと

　「私の宝物」を考えたとき、私の頭に浮かんだ「宝物」は、家族や友人などの「人」と結婚指輪や大好きな本などの「モノ」でした。実践してみると、たしかに、「人」や「モノ」がどんどん出され、共感がうまれました。ところが、「外国人も日本人も同じ」を共有したはずなのに、一方で、「外国人」を意識させる「大切なもの」、つまり、在留カードやパスポートなどが出てきました。在留カードは、日本に暮らす外国人にとって「必要なもの」ではあっても、私たち日本人には思いつかないものです。「日本に暮らす外国人にだけ『必要』なものがある」ことに気づき、支援者たちは改めて法的な違いを実感させられました。

　さらに、予想もしなかった「宝物」が出てきました。Ｖさんが書いた「自尊心」です。Ｖさんは、1 回目の話し合いの後、2 回目までの 1 週間、自分にとっての「宝物」「大切なもの」を考え、「自尊心」を辞書で調べたと言います。Ｖさんが日本人の妻に連れられて日本に来たのは 3 か月前でした。ことばのわからない日本で、友人のいない日々を過ごしています。このような状況の中で、とくに男性が生きていくのは辛いのではないでしょうか。あるいは、どのような状況にあっても、いつもＶさんが大切にしているのは「自尊心」なのかもしれません。

　「自尊心」と書かれたポストイットを見て、その感性に驚嘆し、「そうだ、そうだった、そういうものが大切なのだ」とＶさんに大切なことを教わった思いがしました。その後の実践では、第 1 回目の話し合いを慎重に試みていますが、「自分の受けた教育」や「これまでの経験」、「健康」「日本語（学んで得た知識と運用能力）」などを挙げる人が出てきました。

（宮崎妙子）

(2)実践事例解説

　以上紹介した4種の参加型学習教材、計10点（1〜10）の実践事例を2つの視点から整理してみます。1つ目は、居場所づくりという視点、もう1つは教材を使用する際のファシリテーターの役割と動きです。参加型学習教材を使用する際は、学習のねらいを明確にし、実践においては参加者に寄り添い、現場の動きに臨機応変に対応することが求められます。ねらいは中長期的な視点でコーディネーターがファシリテーターと相談して設定することもあれば、コーディネーターが設定しファシリテーターに伝えたり、コーディネーターがファシリテーターを兼ねて実践することもあるでしょう。10点の実践例のうち、13578はコーディネーターがファシリテーターを兼務、2は支援者がファシリテーターを担当、910の全体活動はコーディネーターがファシリテーターを兼務、グループ内活動は支援者がファシリテーターを担当、46は養成講座で講師がファシリテーターを兼ねた事例です。コーディネーターの機能として、プレゼンテーション、ファシリテーションを内包する考え方もありますが、この解説では参加型学習教材を活用する人としてファシリテーターの役割に焦点を当てます。

　最初の教材「生活マップ」は、地域日本語教室に集う様々な生活圏の人たちが、日常生活でどういう場所に行っているかを見せ合い、話し合うための教材です。絵や外国語を補助的に使用することで日本語レベルに関係なく参加でき、通常の教室活動では知りえない、教室外での互いの生活や活動がわかり、思いがけない特技や趣味を発見し（p.86, p.120）、互いに認め合い、人間関係を育む活動になります。生活に密着した話題を通して様々な地域情報が交換され、地域理解が広がり、地域課題が見えることもあります。

　実践例1は日本語レベルが初級〜中級の学習者5人と学生ボランティア3人の活動で、共通の話題が見つからない中で接点を探り対話が進むことを意図して行われました。活発に発言する学習者に対して最初は聞くだけだった学生ボランティアが、客とアルバイトとして同じ店にいたことや子どものお弁当の話をきっかけとして、少しずつ学習者たちの会話の中に入っていくよ

うすが語られています。接点を探り対話が進むというねらいの達成とともに、各自の気付きや疑問が生まれていて、人間関係を育む活動にもなっています。ファシリテーターは、学習のねらいを近視眼的にとらえ無理に発言を促すなどの声掛けをせず、ありのままの自分でここに居ていい、みんなが自分なりに自分を表現したいときに表現すればいいという場（居場所）をつくっています。

　実践例2は、日本語レベルが初級の学習者と支援者のマンツーマンの活動で、日本語学習について整理することをねらいとして実施されました。互いにマップをつくり質問や説明を行うなかで、相手についてそれぞれが知りたいことを確認しています。自分の希望を日本語でうまく話せない学習者に対して、支援者は一方的に学習計画を立てがちですが、場所カードと媒介語を少し使うだけで、目的に合った活動を行うことができています。それぞれが伝えたいことを伝え合い、互いに自分と相手への興味と関心をもってコミュニケーション活動を楽しむ、すなわちそれぞれが主体的にその場に参加する活動は、居場所づくりの一環と言えるでしょう。ここでは支援者がファシリテーターを兼ねていますが、学習者と互いに質問し合ったり答え合ったりして、両者の間に対等な関係が築かれていきます。

　実践例3は生活マップを30分間ずつ、3回連続で実施した例です。学習者の日本語レベルは初級、参加した人数は多い時で7人、少ない時は3人で、3回とも参加した学習者は3人でした。ねらいは、地域参加を目指し不特定多数の人の前で話すための日本語、すなわち、「です・ます」を使って丁寧に話せるようになることです。2回目の実践後にファシリテーターは、それまでの生活マップに現れなかった、個人の意識下に隠れた大切な場所があるのではないかと感じました。そこでフォトランゲージを使って、そのような場所が浮かび上がり、より深い話し合いができることを目指しました。居場所であると感じられるためには、安心して自己表現ができることが非常に大切です。各自が自分なりの生活の中で考えていることを表出できる活動は心理的側面からも社会参加という側面からも居場所づくりにつながっています。ここでのファシリテーターは、対話の深まりを確保するため、言語的学びと

いう目標と振り返りのための時間にはこだわっていません。ファシリテーターは参加者に寄り添いながら、何が重要かを判断し、何かを捨てる勇気を持つことも大切です。

　実践例4は、活動中のボランティアを対象とした連続講座で、「生活マップ」を教室活動に取り入れてもらうことをねらいとし受講者間で行われた実践報告です。他の3つの事例を読んで「面白そう、やってみたい」と思った時、小さなグループや教室活動であれば、すぐに一歩が踏み出せます。しかし、自治体や国際交流協会主催の教室などで、年間計画に沿って活動を進めている場合は、研修などの段階を踏んで全体の共通理解を得るところから始める必要があります。そういうときの参考になる例でしょう。

　2つ目の教材「部屋の四隅」は、ねらいに合う質問さえ準備すれば、誰でもすぐに使えるようになります。また、ファシリテーター役を一時的に他の支援者や学習者にバトンタッチすることもできます（p.129）。ファシリテーターを任された人は、自分が主体的に参加している、役割を果たしていると感じることができ、特に受動的な立場に置かれがちな学習者の場合は、支援者をも動かすことができるため、対等性の確保にもつながる活動です。

　実践例5は教室活動、実践例6は養成講座での実践ですが、両方とも仲間意識や連帯意識を育み、居場所感を高める一歩となっています。養成講座を参加型学習教材でスタートさせることにより、支援者が参加型学習を肯定的にとらえ、実際の教室活動も参加型で行われることが期待されます。受講者の感想から、限定的ながらも意図が伝わったことがうかがえます。

　3つ目の教材「フォトランゲージ」の実践例7は、日本語力にかかわらずユーモアをもって自己表現に取り組んだ学習者とその状況に気づき、それを他の参加者と共有した支援者の協働性が見えています。また、そこに対等性が現れていると気付くファシリテーターの感想にファシリテーターの専門性が見えます。実践例8は、国の違いや日本語力に関係なく、互いを認め合い、語り合うためのきっかけづくりとして教材が使用されました。一つのストーリーをつくり発表するという協働作業においては、自己を表現し役割を果たすことで得られる達成感が参加感を高めます。互いの発表からその人となり

が見え人間関係が深まり、グループ内での居心地の良さが教室内へと広がるようすから、居場所感の地域への広がりが予感される事例です。この事例では、ファシリテーターが写真を配った後に「時間は 15 分です」と言っています。ねらいを達成するために最初に活動の流れを考え時間配分を予想しますが、時間管理はファシリテーターの大切な役割です。ただ、実践例③のように、参加者に寄り添い、その学びを深めるために、その場で時間配分を臨機応変に修正することも必要です。

　4 つ目の教材「私の宝物」は、大切な物事を発表し合う活動ですが、大切な物事は人間として同じものであったり、それぞれの価値観によって違ったりもします。多文化の人たちが集まれば、同じものでも理由が違ったり、予想を超える違うものが出てきたり、ダイナミックな展開に価値観を揺さぶられ様々な気付きを生む活動にもなります。実践例⑨は、参加者の社会参加をねらいとし、改まった場で適切な日本語で発表するという言語的な目標も入れ、多文化共生の地域づくりを目指して実施されました。普段の教室内で行われる準備段階と、地域に開かれて実施されるおまつり当日の 2 段階に分かれており、プログラムの組み立てや周囲との連携という点からはコーディネーター的要素の濃い実践例です。準備段階 1 では大切なものについて活発な話し合いが行われ、発表する学習者の頭の中が活性化されています。準備段階 2 と 3 では、おまつり当日のことを想像し、話し合いが行われています。ファシリテーターはあくまで話し合いという協働作業を進める役に徹していて、結論じみたことは言っていません。準備の話し合いから発表当日まで、各自が考える時間を大切にしています。普段接点のない地域の日本人たちを惹きつけ、大きな共感を呼び起こしていて、多文化共生の地域づくりにつながる実践と言えるのではないでしょうか。

　実践例⑩は、40 人近い多様な参加者間で、大切な物事の異同を知ることで、互いに尊重し合い親しみが増し人間関係が広がることをねらいとして実施されました。実践例⑨と同様に、活動は 2 段階の実践です。人として大切なことは同じであること、社会的立場により違いが生み出されることが理解され、学びが進む中、互いに受け入れられているという雰囲気が感じられます。

ファシリテーターも含めて尊重し合う対等な人間関係が見える事例です。

　以上 10 点の実践例では、それぞれの場で人間関係が育まれ、参加者がリラックスして活動に参加しています。安心して自己表現でき、対話が深まることから、様々な気付きや学びが生まれます。学習者と支援者が参加型学習を協働して進めることで、居場所づくりが進んでいると言えるのではないでしょうか。参加型学習教材を有効に機能させるためには、事例 **9** のようにコーディネーターの役割が重要で、いつ、どんな教材を、どんなねらいで、誰を巻き込んで展開するかというプログラムを考える必要があります。また、すべての実践例に見られるように、基本的には対話を基に人間関係を育み、地域参加につないでいくファシリテーターの役割も非常に大切です。

　地域日本語教室が対話を通して日本語コミュニケーション力を身につける場でもあることを考えると、参加型学習教材の活用に日本語学習面からの考慮もほしいところです。この 10 点の実践例のファシリテーターは、日本語教育の専門性を持ったコーディネーターが兼務したことから、言語学習を主なねらいに設定しなくても、問いの出し方やまとめ方などにその配慮が見られます。事例 **8** では、1 枚のフォトを短い文で説明すれば、グループとしてストーリーになる、すなわちひとりでは日本語の作文が心もとないけれど、何人かで知恵を寄せ合い、知っている語彙や表現を持ち寄れば立派に意味の通る作文ができる、ひとりで難しかったら、助け合って学習していこうとのメッセージが秘められているようにも思います。また、事例 **3 9 10** は、社会参加を意識した話し方という言語教育の目標を立てています。

　参加型学習教材を活用することによって、地域日本語教室が学習者と支援者などすべての参加者にとって「居場所」と感じられていくようすを、10 点の実践例が見せてくれているのではないでしょうか。

（山辺真理子）

おわりに

　本書では、多文化共生社会の実現という観点から、地域日本語教室を居場所にするための重要性について語ってきました。またその居場所にするための道具として、「居場所感尺度」と「参加型学習教材」についてとり上げてきました。それは、「多文化・多言語の接触・交流の水際」である地域日本語教室は、特に多文化化・多言語化に伴う問題に対処するため、教育の視点から大きな必然性と可能性を有するようになっているからです。

　本書では、地域日本語教育そして地域日本語教室という枠で、多文化共生社会の実現への方策を探ってきましたが、この「おわりに」では、その枠を少し超えた方策について、付言的ですが提案してみたいと思います。それは、「地域多言語・多文化教室」を開設してはどうかということです。日本語からのことばの教育へのアプローチをこれまで以上に深めていくことは重要ですが、一方、地域での多文化共生に向けての教育とその場を描き出そうとすると、学び手は外国人住民だけでなく地域住民全員が基本的にその学習の当事者となることが想定され、また日本語を含む多言語・多文化をめぐる学びをつくり出す教育・教室へのニーズは今後より高まっていくことが想定できます。そう考えると、地域日本語教室だけでこのニーズに対応していくことが難しいことは明らかで、日本語教育・国際理解教育・開発教育・異文化間教育などにこれまで関わってきた関係者が、それぞれの領域での実践と研究を深めつつも、新たに協働しながら、地域での生涯学習の一つの場としての「地域多言語・多文化教室」とそこでの実践をつくり出すことは、必然性からみてそれほど難しいことではないように感じています。多文化共生を掲げるなら、それぞれの教育が既存の枠を超えて、新たな共生関係をつくり出していくような具体的方策を大胆に提示し、実践していくことが必要ではないでしょうか。

　杉澤経子さんは 2017 年の 2 月に亡くなりましたが、彼女が入退院を繰り

返していた 2016 年の 9 月に彼女から 1 通のメールをもらいました。そのメールの最後には、「お言葉に甘えて言うならば、専門職組織の件、そして『居場所』の本の出版の件、くれぐれもお願いできれば幸いです」と記されていました。専門職組織の件は、多くの方々の協力のもと、「多文化社会専門職機構」として 2017 年 2 月に設立総会が開かれました。そして「居場所」の本の出版も、時間はかかりましたがどうにか終えることができました。これでこれから先、天国で彼女に出会っても、「頼まれたことはどうにか果たしたぞ」と言ってやれそうです。

2018 年 3 月 7 日　山西優二

参考文献・資料（提出順）

はじめに

文部科学省（1992）『学校不適応対策調査研究協力者会議報告（概要）』http://www.mext.go.jp/b_menu/shingi/chukyo/chukyo3/siryo/06042105/001/001.htm（2017 年 9 月 17 日参照）

石塚昌保・河北祐子（2013），「地域日本語教室で居場所感を得るために必要なこと―『多文化社会型居場所感尺度』の活用―」『日本語教育 155 号』, pp.81-94, 日本語教育学会

自治省（1989）「地方公共団体における国際交流の在り方に関する指針」http://www.soumu.go.jp/kokusai/pdf/sonota_b8.pdf（2017 年 9 月 17 日参照）

武蔵野市国際交流協会 https://mia.gr.jp/（2017 年 9 月 17 日参照）

東京都国際交流委員会「外国人のためのリレー専門家相談会」https://www.tokyo-icc.jp/lespace/one/one_1405.html（2017 年 9 月 17 日参照）

NPO「国際活動市民中心 CINGA」http://www.cinga.or.jp/（2017 年 9 月 17 日参照）

東京外国語大学多言語・多文化教育研究センター http://www.tufs.ac.jp/blog/ts/g/cemmer_old/（2017 年 9 月 17 日参照）

多文化社会専門職機構 http://blog.canpan.info/tassk/archive/1（2017 年 9 月 17 日参照）

第 1 章－1

文化庁編（2004）「地域日本語学習支援の充実－共に育む地域社会の構築に向けて」, 国立印刷局

大阪市地域日本語教育推進委員会（2000）「多文化・多民族共生社会における地域識字・日本語学習活動」,『大阪市地域日本語教育推進委員会』

川崎市地域日本語教育推進委員会（1997）「共生のまちづくりをめざす日本語学習のあり方」,『川崎市地域日本語教育推進委員会』

日本語教育学会（2008）「外国人に対する実践的な日本語教育の研究開発―報告書―」, p.16, 社団法人日本語教育学会,

近藤敦（2011）「多文化共生政策とは何か」, 近藤敦編著,『多文化共生政策へのアプローチ』pp.3-14, 明石書店

総務省（2006）「地域における多文化共生推進プラン」http://www.soumu.go.jp/main_content/000400764.pdf（2017 年 9 月 17 日参照）

金田智子（2012）「在住外国人に対する『言語学習』の重要性」http://www.clair.or.jp/j/forum/forum_pdf_272/04_sp.pdf（2017 年 9 月 17 日参照）

伊東祐郎（2011）「多文化共生の地域づくりと日本語教育」http://www.bunka.

go.jp/pr/publish/bunkachou_geppou/2011_08/special/special_02.html（2017 年
9 月 17 日参照）

杉澤経子（2009）「外国人相談　実践的考察　多言語・専門家対応の仕組みづくり
―連携・協働・ネットワークの視点から―」,『シリーズ多言語・多文化協働実践
研究別冊 2 外国人相談事業』pp.10-47, 東京外国語大学多言語・多文化教育研究
センター

第 1 章－2

野山広他（2009）「地域日本語教室の 5 つの機能と研修プログラム」,『シリーズ多
言語・多文化協働実践研究 13　共生社会に向けた協働の地域づくり」pp.74-77,
東京外国語大学多言語・多文化教育研究センター

内閣府（2017）「未来投資戦略 2017―Society 5.0 の実現に向けた改革―」http://
www.kantei.go.jp/jp/headline/pdf/seicho_senryaku/2017_all.pdf　（2017 年 9 月 17
日参照）

文化庁（2017）「地域日本語教育スタートアッププログラム」　http://www.bunka.
go.jp/shinsei_boshu/kobo/h29_seikatsusha_startup_program.html　（2017 年 9 月
17 日参照）

第 1 章－3

山西優二（2005）「参加型学習とは何か―豊かな人間関係の構築に向けて―」,『やっ
てみよう参加型学習』, p.14, スリーエーネットワーク

第 1 章－4

文化庁（2011）「地域日本語教育コーディネーター研修」http://www.bunka.go.jp/
seisaku/kokugo_nihongo/kyoiku/coordinator_kenshu/（2017 年 12 月 1 日参照）

杉澤経子（2012）「地域日本語教育分野におけるコーディネーターの専門性」,『シ
リーズ多言語・多文化協働実践研究 15 地域日本語教育をめぐる多文化社会コー
ディネーターの役割と専門性』　p.14, 東京外国語大学多言語・多文化教育研究
センター

杉澤経子（2010）「多文化社会コーディネーターの専門性と職能」,『シリーズ多言語・
多文化協働実践研究別冊 3 多文化社会コーディネーター』　p.28, 東京外国語大
学多言語・多文化教育研究センター

ドナルド・A・ショーン（2007）柳沢昌一・三輪建二監訳『省察的実践とは何か -
プロフェッショナルの行為と思考』, 鳳書房

第 2 章－1

文部科学省（1992）「登校拒否問題への対応について」http://www.mext.go.jp/b_
menu/hakusho/nc/t19920924001/t19920924001.html（2017 年 12 月 1 日参照）

文部科学省（2003）「子どもの居場所づくり新プラン 地域子ども教室推進事業」

http://www.mext.go.jp/a_menu/shougai/houshi/03120801/002.pdf（2017 年 12 月 1 日参照）

木全力夫（1999）「家庭・地域に於ける「子どもの居場所」の教育的意義」『創価大学社会教育』8：pp.39-51

田中治彦編（2001）『子ども・若者の居場所の構想』学陽書房：pp.7-11.

笠井孝久（2003）「不登校児キャンプに参加する子どもたち(2)不登校児の居場所としてのキャンプ」、『千葉大学教育実践研究第 10 号』pp.57-64

住田正樹（2004）「子どもの居場所と臨床教育社会学」、『教育社会学研究第 74 号』pp.93-109

藤竹暁（2000）「現代のエスプリ別冊 現代人の居場所」至文堂

杉本希映・庄司一子（2006）「「居場所」の心理的機能の構造とその発達的変化」『教育心理学研究』54：pp.289-299.

斎藤富由起（2007）「大学生および高校生における心理的居場所感尺度」、『千里金蘭大学紀要』pp.73-84

箕浦康子（1990）「文化のなかの子ども」（シリーズ人間の発達）東京大学出版会

第 3 章－1

パウロ・フレイレ著（1979）小沢有作・楠原彰・柿沼秀雄・伊藤周訳,『被抑圧者の教育学』, 亜紀書房

中田豊一（2000）『ボランティア未来論』, コモンズ

佐藤一子・増山均編（1995）『子どもの文化権と文化的参加―ファンタジー空間の創造―』, 第一書林

ロジャー・ハート（2000）木下勇・田中治彦・南博文監修,IPA 日本支部『子どもの参画―コミュニティづくりと身近な環境ケアへの参画のための理論と実際―』, 萌文社

山西優二（2009）「開発教育の教師・指導者とは―ファシリテーターを深め、ファシリテーターを越える―」『開発教育 Vol.56』, 開発教育協会

おわりに

山西優二（2013）「エンパワーメントの視点からみた日本語教育―多文化共生に向けて―」『日本語教育 155 号』p.17, 日本語教育学会

◉CINGA 地域日本語実践研究会
NPO 法人国際活動市民中心（CINGA）の会員を中心に、地域日本語教育についての協働実践研究活動に取り組んでいます。

◉執筆者プロフィル（50 音順）
阿部 裕
明治学院大学心理学部教授／四谷ゆいクリニック院長
1990 年にスペインから帰国して以来、日系ラテンアメリカ人のこころの支援を行っています。また 1993 年に多文化間精神医学会の設立に関わり、ネットワークづくりを行い、多文化研究と在日外国人の支援を行っています。2006 年には、多文化外来をもつ四谷ゆいクリニックを開設し、外国人を積極的に診療しています。

石塚 昌保
北里大学健康管理センター学生相談室講師
2007 〜 2011 年度に東京外国語大学多言語多文化研究センターにおける長野県上田市との協働実践研究に参加して、外国人住民のインタビュー調査などに携わりました。2014 年度から東京都足立区の日本語ボランティア支援講座の講師を担当、地域日本語教室が利用者にとってどうすれば居場所となるのかについての研究を継続しています。2014 年度から現職、臨床心理士。

伊東 祐郎
東京外国語大学大学院国際日本学研究院教授
留学生に対する日本語教育から始まって、外国人児童生徒、生活者としての外国人など、日本における急速な国際化の中で、私自身の日本語教育の対象そして領域も拡大してきました。日々の実践を通して、日本語教育が人を結び、社会をつくる重要な役割を担っていて、多文化共生社会構築の鍵となるのではないかと感じています。

河北 祐子
上智大学短期大学部非常勤講師
1994 年より武蔵野市国際交流協会で日本語教師として地域日本語教室に関わるようになりました。その後、東京外国語大学や上智大学短期大学部生による外国つながりの子供たちとその家族への支援を通じて、多言語多文化の中で育つ子供や若者の成長に触れ、多文化共生社会づくりの大切さを実感しました。奥行きあるダイナミックな多様性を認める市民社会の広がりを願っています。

北村 裕人
多文化社会専門職機構認定多文化社会コーディネーター
元名古屋大学 とよた日本語学習支援システム システム・コーディネーター
地域日本語教室でのボランティア活動をきっかけに地域日本語教育の門を叩き、豊田市と名古屋大学が共働して構築した「とよた日本語学習支援システム」でシステム・コーディネーターとして従事しました（2010 〜 2015 年度）。下積み時代に出会った「日本語教室こそ、多文化共生社会のプラットフォーム」という言葉に、勇気をもらいました。それと同時にこの言葉の重要性を、今でもなお感じています。

新居 みどり
NPO 法人国際活動市民中心（CINGA）コーディネーター
多文化共生を目指す多様な専門家の集団である CINGA のプログラムコーディネーターを
2011 年より務め、自治体などと協働で、地域日本語教室、外国人相談事業などに取り組んでいます。10 年近く地元の外国人支援のグループで活動をする中で、多文化共生の原点は、そこに住む人と人が普段着で出会う、地域日本語教室にあると実感しています。

間瀬 尹久
（公財）東広島市教育文化振興事業団多文化共生コーディネーター
子どものひろばヤッチャレ代表
1988 年、留学生配偶者などに日本語支援活動を始め、市内小中学校、広島 YMCA 日本語学校、ひろしま国際センターの日本語講師を経て、現在多文化共生を目指した地域日本語教室の在り方について考えています。地域で懸命に生きる外国から来た若い人たち、外国につながる子どもたちが、地域社会を変えていく可能性を感じています。

宮崎 妙子
千駄ヶ谷日本語教育研究所 日本語教師養成講座講師
（公財）武蔵野市国際交流協会（MIA）前日本語学習支援コーディネーター
1991 年、日本語教師時代に MIA 日本語教室活動に参加しましたが、市民活動としての日本語教室という捉え方が新鮮で刺激的でした。国籍に関係なく、同じ地域に暮らす多様な「市民」が協働でコミュニティをつくり、新しい文化を創造するとの発想に共鳴し、「多文化共生」と声を上げる必要のない、それが当たり前の社会を夢見ています。

山西 優二
早稲田大学文学学術院教授、かながわ開発教育センター代表理事
NGO・地域・学校などの場で、開発教育・国際理解教育などの教育実践・教育実践研究に携わるようになって 30 数年が経ちます。これらの教育は、問題解決に向けての平和・公正・共生の文化づくりのための働きかけといえますが、そのような実践の中で最近は、アート、ことば、コミュニティ、難民といったテーマに関心をもっています。

山辺 真理子
武蔵野大学講師、NPO 法人西東京市多文化共生センター代表理事
教育機関で日本語教師を務めながら、1993 年から地域日本語教室で活動、2006 年に NPO 法人西東京市多文化共生センターを設立しました。2000 年から杉澤径子氏と共に地域日本語教室における参加型学習の手法の開発、居場所研究に関わり、たくさんの刺激を受けました。ポピュリズムが広がりを見せている今こそ、多文化共生の地域づくりが大切だと思っています。

「居場所感調査のための WEB ダウンロードページについて」

特定非営利活動法人　国際活動市民中心（CINGA）の WEB サイトにて、本書でご紹介した「多文化社会型居場所感尺度」の調査キットをダウンロードできます。

http://www.cinga.or.jp/　[NPO CINGA] で検索

CINGA のホームページ内の「多文化社会型居場所感尺度について」のページより、以下の 2 つのファイルがダウンロード可能です。

①多言語社会型居場所感尺度（PDF）
　調査票は、以下の 8 言語で作成されています
・インドネシア語　　　・英語
・スペイン語　　　　　・タガログ語
・中国語　　　　　　　・ベトナム語
・ポルトガル語　　　　・ルビつき日本語

②居場所感尺度集計用ファイル（Microsoft Excel）

①、②共に、ファイルを開くためのパスワードは、CINGA（大文字）です。免責事項をご一読いただき、ダウンロードをしてください。ダウンロードした時点で、免責事項に同意したものとします。上記ファイルの著作権は、CINGA に帰属します。

「多文化社会型居場所感尺度」の調査キットについてのお問い合わせは
info@cinga.or.jp までお気軽にお問い合わせください。

《居場所感アンケート多言語版翻訳協力者》

言語	翻訳協力者
インドネシア語	レスタリ スリ ブデイ
英語	宮城 京子
スペイン語	岩田 久美
タガログ語	ランパアン パネヨ ジュニア ボルデエン
中国語	三木 紅虹
	楊 潔氷
ベトナム語	鷲頭 小弓
ポルトガル語	青柳 りつ子

多文化共生の地域日本語教室をめざして
居場所づくりと参加型学習教材

2018 年 6 月 10 日　初版第一刷発行

編著者　CINGA 地域日本語実践研究会
　　　　阿部 裕・石塚 昌保・河北 祐子・宮崎 妙子・山西 優二・山辺 真理子
発行者　森 信久
発行所　株式会社 松柏社
〒 102-0072　東京都千代田区飯田橋 1-6-1
電話　03（3230）4813（代表）
ファックス　03（3230）4857
E メール　info@shohakusha.com
http://www.shohakusha.com

装幀　南幅俊輔
組版・校正　戸田浩平
印刷・製本　倉敷印刷株式会社
ISBN978-4-7754-0250-4
Copyright ©2018 Citizen's Network for Global Activities